幼兒園中班教學活動課程設計：
配合新課綱設計的 120 個活動

吳淑美　著

作者簡介

吳淑美

美國密蘇里大學（University of Missouri-Columbia）特殊教育博士
美國密蘇里大學（University of Missouri-Columbia）兒童發展與家庭發展碩士
美國密蘇里大學（University of Missouri-Columbia）統計碩士
政治大學心理學系學士

1987 年 8 月至新竹教育大學（現改為清華大學）初等教育學系任教（擔任副教授），並兼任特殊教育中心主任
1989 年開始實施學前融合教育實驗，向當時的教育廳申請學前語障及聽障融合計畫
1993 年創立特殊教育學系，擔任特殊教育學系教授兼第一任特殊教育學系系主任
1994 年創立新竹教育大學附小（現改為清華大學附小）融合班，向教育部申請設立特教實驗班，擔任特教實驗班計畫主持人三年，之後繼續指導融合班
2000 年創立新竹市育賢初中融合班
2000 年成立財團法人福榮融合教育推廣基金會，擔任董事長至今
2004 年興建完成融合教育校區
2004 年基金會創立體制外國中融合班
2015 年擔任非學校型態國中團體實驗計畫主持人
2016 至 2018 年連續三年擔任香港教育大學幼教系學前融合學分班（Certificate in Professional Development Programme Catering for Diverse Needs of Young Children）外審（External Examiner）
2000 至 2019 年拍攝四部融合教育記錄片（同班同學、聽天使在唱歌、晨晨跨海上學去、不可能啦啦隊）並擔任導演

從 1989 年無心插柳設立了學前融合班到 2016 年，我和融合班的孩子相處了 27 年，這個機緣不但成為我人生中一個重大的轉捩點，更讓我有機會接觸融合教育的實務，得以撰寫融合教育的著作。

序

　　本套書（分成小班、中班、大班三冊）提供的活動主要是在安排充實性的活動課程，能給幼兒充分發展其潛能的機會，也讓教師能更詳細地了解幼兒的能力，以便找出其長處及短處。活動課程一共分為八個領域：認知、科學、數學、語文、精細動作、社會及情緒、大動作、音樂，共計有 360 個活動，分為小班、中班、大班三個年段，每個年段都有 120 個活動，每一個活動都會進行評量。本書所提及的教學活動設計不只適用於一般幼兒園，也適用於有特殊幼兒融合的融合情境。這些活動課程都是以團體或小組的方式進行，小組活動時 2 位教師可分別帶領一個小組進行教學，每次進行 30 分鐘，活動的材料（例如：教具及圖書）都可配合實際狀況自行調整，有些活動還包含了相關的圖片及學習單。

　　教學活動的內容乃觀察竹大附小學前融合班的小組教學現場撰寫，並將在期間研發的學習經驗滲透其中。為了驗證此套活動課程能否在一般幼兒園實施，筆者特別選在昆明的培奇全納幼兒園進行為期半年的小組教學實驗，該園教師即根據這套課程的教案準備了豐富的材料，讓幼兒在活動中透過與材料、同伴和教師的互動主動學習，建構學習經驗。教師在活動中多採用提問進行引導，並根據每一個活動環節的目標進行評量。這些改變讓幼兒園的活動多元豐富，讓教師及家長可以透過目標及評量了解幼兒當前的發展水準，進而為下一階段的教學提供依據。

　　依據活動式教學及幼兒學習經驗撰寫的這套書，不但可以讓教師觀察到幼兒在各學習領域的情況，以了解幼兒當前的發展水準，進而為下一階段的教學提供依據，更是落實差異化教育理念的重要手段，是促進幼兒在原有水準上得以向上發展的重要途徑。透過評量，也能讓家長了解孩子在幼兒園的生活及學習情況，為家園同步教育創造了可能性。

　　本書活動課程中所附的圖都是由作者先生吳大剛親手繪製，配合活動的內容增加活動課程的可讀性及專業度，在此感謝。

目次

二、科學領域活動（18 個）／73

三、數學領域活動（20 個）／93

四、語文（含閱讀）領域活動（19 個）／119

五、精細動作（含美感）領域活動（19 個）／147

六、社會及情緒領域活動（11 個）／171

七、大動作領域活動（2 個）／195

❀ 壹、前言 ❀

　　本書（中班）提供的活動課程分為七個領域：認知、科學、數學、語文、精細動作、社會及情緒、大動作，共計有 120 個活動，每個活動都會進行評量，以活動的方式來評量幼兒的能力，來了解幼兒的學習狀況。每一個領域都強調四項必備的技巧，每一個活動亦是為了達到這四項必備的技巧而設計，並根據每一個技巧設計了一些學習目標。在每一個活動中，都列有學習經驗、材料、教學內容、學習目標、評量結果（分成四個等級）、針對特殊幼兒所做的調整，以及延伸活動。比較特別的是將教學內容及學習目標並排，從教學內容即可找到相對應的學習目標，以評量幼兒是否達到目標，並可讓教師了解幼兒的學習情形。

　　本書包含了幾個特色，說明如下。

一、根據「幼兒園教保活動課程大綱」來規劃活動設計

　　「幼兒園教保活動課程大綱」（以下簡稱「幼教新課綱」）於 2016 年公布，並全面推動，內容包括：「身體動作與健康」、「認知」、「語文」、「社會」、「情緒」，以及「美感」等六大領域。本書除了涵蓋「幼教新課綱」中的認知、語文、社會及情緒外，還包含了科學及數學領域，領域有部分相似，亦有部分差異。本書的領域內容與「幼教新課綱」的對照表如下。

「幼教新課綱」	身體動作與健康 （身體操控、用具操作）		認知			語文	社會	情緒	美感
本書	大動作	音樂	認知	數學	科學	語文	社會及情緒		精細動作

二、強調融合情境中的教學調整

　　因應融合教育的實施與現場教師的需求，本書所設計的每一個教學活動，

都列有「針對特殊幼兒所做的調整」一項，而提出適合不同特殊需求幼兒的學習目標或具體可行的教學調整建議，例如：若班上有聽障幼兒，教師可配合圖卡、動作和口型來說明動物的聲音或動作；若班上有認知發展遲緩幼兒，教師可以請同儕示範動作或聲音，讓其模仿學習。現場教師可以參考這些建議進行課程調整。

三、強調跨領域的學習目標

　　本書中的每一個教學活動，都列出了幼兒的學習目標、評量結果、學習目標數目及通過項目（指評量較好或很好），教師可以根據評量結果，評估幼兒的能力表現；這樣的記錄有助於親師溝通和討論，並可隨時了解幼兒的學習能力，也可以檢討所使用的教學策略。

　　每一個教學活動也都可以涵蓋其他領域的目標，以中班的「陸上交通」為例，此活動屬於「認知領域活動」，學習目標包括：（1）能聆聽老師說故事；（2）能至少說出三種交通工具的名稱及在哪兒看到；（3）能說出書上未提及的車輛名稱及在哪兒看到；（4）能說出陸上交通標誌及其形狀；（5）能畫出紅綠燈；（6）能依玩具特性操作玩具：上發條或將車推動等六項目標，此活動雖是屬於認知的活動，但該活動也融入許多社會、大動作和語文的目標。

四、將評量與教學結合

　　每進行一個活動，教師就可針對幼兒的學習情形填寫評量紀錄表，綜合幼兒整學期各領域活動的學習目標通過情形，計算出各領域活動的學習目標通過率，據以判定幼兒在八個領域中的哪一個領域表現較佳或較差，為幼兒設計一份活動教學方案，再根據八個領域的學習情形撰寫一份完整的期末報告，送給父母做參考。

五、可透過主題、親子活動及下一個活動以延伸活動

　　各領域的活動都可結合相關的主題進行，讓活動更加生活化及連貫性，例如：科學領域活動中的「神祕的洞」可結合主題「洞」；認知領域活動中

的「陸上交通」可結合主題「交通工具」，教師可帶幼兒到馬路上觀看交通狀況，或是讓幼兒親身搭乘各種交通工具，又或是透過影片和幼兒分享搭車的經驗，引導幼兒關心行的安全。當主題和領域活動結合時，幼兒就很容易會有共鳴。

　　學校在進行這個教學活動時，家長可以配合在家進行「親子活動」，例如：若家中有交通工具的玩具，家長可以讓孩子帶它們（如玩具車）到學校分享，或者在接送孩子或帶孩子外出時特別留意交通狀況，若遇到交通事故或違規等事件時，更可以隨機帶入交通安全的觀念。

　　當結束這個活動後，教師可以進行類似活動，例如：「空中交通工具」的活動，以做為「陸上交通」的延伸活動，讓孩子認識空中交通工具，並可將飛機等相關玩具放在角落讓幼兒探索。

貳、小組教學介紹

　　小組時間（small group time）可做為每天例行活動（routine time）中的一段時間，大約 30 分鐘。一個班如果有 30 名幼兒和 2 位教師，就可分成兩組各 15 名幼兒，每組選擇一個固定的地點進行較精緻的分組教學，教學內容涵蓋認知、科學、數學、語文、精細動作、社會及情緒、大動作和音樂等領域活動。小組時間是幼兒學習分享、聆聽教師說話的好時機，30 分鐘的時間可進行至少一個活動，該活動應具有下列特質：

1. 以幼兒為主，教學內容適合幼兒，以幼兒的興趣為中心，教師必須遵循幼兒的帶領，提供合適的回饋，以符合其需求。

2. 每位幼兒的學習速度不同，學習風格亦不同，活動安排要適合幼兒的程度並讓幼兒有成功的經驗，如此幼兒才會有信心。當幼兒在活動時能自己完成工作，就能對自我肯定，也能增進自己的能力。

3. 活動必須要：

　⑴不管活動時間長或短，都要有開始、中間及結束三個部分。

　⑵適合幼兒的年齡。

　⑶新奇的、有趣的、幼兒從未玩過的。

　⑷教師可控制的。

　⑸雖然活動安排有順序性，仍要保持一些彈性讓幼兒有成功的經驗，進行小組活動時可加入其他的內容，容許幼兒以自己的方式去探索材料，並跟隨幼兒對活動方向的提示來進行，同時要確定建立安全且合理的行為與動作的限制。

　⑹有教師在旁督導。

　⑺具有功能性，教學的內容是實用的，和幼兒日常生活經驗相關的。

　⑻能產生師生及同儕的互動，教師與幼兒對活動都有反應。

　⑼跨領域及學習經驗，包含不同層次（難度）的教學目標。

4. 活動不需要：

⑴不一定要完成一件作品。

⑵由教師決定如何進行，亦可由幼兒決定如何進行。

⑶包括所有領域的目標，但不需包含兩個領域以上的目標。

5. 活動時，座位必須按下列條件安排：

⑴易於在幼兒需要時提供協助。

⑵幼兒能很容易與其他幼兒以及成人互動。

⑶需要較多指導的幼兒，能安排在便於指導的位置（例如：教師旁）。

⑷教具和所蒐集的教材用具，放在便於使用但不妨礙活動的地方。

⑸教師必須和幼兒一起坐下來，與幼兒保持相同的高度。

6. 小組教學過程包含教學—評量兩個步驟，亦即先進行教學，教完再評量。

7. 教學程序合乎邏輯及情境的教學，在活動中使用自然發生事件，自然地教導幼兒概念，例如：在吃點心或午餐時教導洗手、食物的種類及餐具使用技巧，或利用玩水時教導浮起與下沉的概念，如此就可利用點心、午餐或玩水做為誘因，在自然的情境（吃點心）中學習用餐前（洗手）、用餐時及用餐後（收拾）之技巧，以達到情境、行為及反應之連結。以下是一玩水的活動，透過玩水讓幼兒自然地發現水的特性，並在過程中引發幼兒的認知、語言及社會能力，活動內容及空白表格如下：

活動名稱：玩水（沙）

活動說明及進行順序	用具	達到的目標	評量
1. 將塑膠布鋪在地上。 2. 幼兒必須向老師要圍裙、水盆和玩具。 3. 當幼兒要水時，可要求他們解決問題，例如：水盆的蓋子蓋得很緊，幼兒要想辦法打開，或請人幫忙。 4. 將水倒進水盆時，記得一次給一點，這樣幼兒可以要求「還要」。 5. 幼兒可以輪流倒水、用玩具打水、玩小船或擠海綿。 6. 給幼兒表達的機會，讓幼兒說出他們在玩什麼。 7. 遊戲快結束時，要幼兒把各種玩具還給老師。 8. 請幼兒幫忙把水倒掉，問幼兒要用什麼東西來擦乾手？（毛巾） 9. 將毛巾拿給幼兒，問他們還有什麼東西要擦乾的？（玩具、桌子） 10. 最後，幼兒幫忙把塑膠布摺疊起來，將玩具收好。	• 塑膠布 • 水 • 水盆 • 圍裙 • 會浮的玩具 • 湯匙 • 海綿 • 杯子 • 毛巾	1. 會要求圍裙、水盆及玩具 2. 會打開蓋子 3. 會說「還要」 4. 會輪流倒水 　 會用玩具打水 　 會說出玩的內容 5. 會還玩具 6. 會用毛巾 7. 會擦手 8. 會收拾玩具	

變化

- 可用紅豆、綠豆或沙來代替水。
- 可在水中加一些顏色。
- 可在水中滴一些洗碗精，再用手攪拌，可製造泡泡（吹泡泡）。
- 可在水中丟不同形狀的保麗龍板，問幼兒保麗龍板會不會浮在水面上？

認知概念

- 水。　• 擠。　• 硬。
- 乾。　• 開。　• 熱。
- 濕。　• 拌。　• 冷。
- 倒。　• 軟。

社會

- 輪流。
- 收拾。

動作	語言
・倒水。	・說出「還要」。
・打開。	・玩水。

小組教學的基本原則如下：

1. 提供主動式學習以及材料給每位幼兒，因每位幼兒的興趣和能力都很不一樣，可多準備一些材料並多讓幼兒操作，除非需要協助，否則儘量讓幼兒自行操作，以達到主動學習的目的。

2. 坊間購買的教材不見得適合幼兒使用，教師可選擇日常生活中常見的、可操作的及可以多樣化使用的材料，例如：積木可以用來堆疊，也可以用來數數。

3. 隨時可得的材料、家裡現成或不用花錢買的材料，更適合激發幼兒的能力及符合不同能力幼兒的需要，例如：各種大小不同的瓶子及瓶蓋，可以讓幼兒學習大小的概念。

4. 當特殊幼兒和普通幼兒在同一組時，設計課程時應先找出他們的共同點，例如：都喜歡聽故事，就可設計說故事課程。教師可依幼兒能力調整教學步驟及課程難度，針對不同程度的幼兒可準備不同難度的教具，例如：準備不同片數的拼圖。當特殊幼兒無法完成某些目標時，可透過合作的方式由普通幼兒協助完成，或給予特殊幼兒較簡單的目標，例如：分類遊戲時由普通幼兒訂出分類的標準，特殊幼兒只需將同樣顏色的東西放一起就可以。教師也要為那些不想參與小組時間的幼兒提供一個變通活動或適合的學習目標。

5. 小組教學每天都要有開始、中間及結束三個部分：
   (1)開始前：教師先準備好材料，並評估每個幼兒的能力以及他們對材料的可能反應。考量有些材料或教具可能不適合某些幼兒，例如：幼兒不會使用剪刀時，應準備其他工具。
   (2)開始：教師介紹教具、材料及完成的成品，在介紹時儘量簡短，每次不一定要使用新材料或新教具，可讓幼兒學習使用各種材料，不論是新的還是舊的材料。

(3)中間：中間部分是課程最主要的部分，也是時間最長的部分，教師可以記錄幼兒的反應及其與材料互動的行為，觀察幼兒用材料做什麼，記錄的範圍可以很廣泛。

(4)結束：活動結束前通常要讓幼兒分享活動內容或完成的內容。學習目標的難易不同，成品的質與量也可以不同，不要期待所有的幼兒都能在同一時間內完成工作，可期待的是幼兒在小組時間裡實驗、探索、創造及解決問題的過程，它遠比成果來得重要。

(5)延伸活動：可列出由小組活動延伸出來的許多想法，或是活動相關的點子法，其中有些是原來活動的延續。教師可以計畫一系列的小組課程，以延續課程內容或改變材料（例如：讓幼兒在不同的材質上繪畫，或是將成品放在教室角落讓幼兒繼續探索學習），以及利用非小組時間法（例如：在大團體時間演戲，以延續語言課程內容）。

6. 小組課程要有延續性，可將上過的教材放在角落讓幼兒繼續操作，活動內容可以重複法，例如：可上好幾次奇偶數的課程法，並視需要傳遞較深入的內容，讓幼兒學習得更完整。

7. 小組評量除了記錄幼兒達成的目標外，也可以記錄幼兒的反應，例如：幼兒的答案。

8. 教師的角色除了安排上課內容外，還要支持及引導幼兒在小組時間的探索、實驗、遊戲。支持指的是，教師透過問題與幼兒交談，或傾聽幼兒的談話，或鼓勵幼兒回應，尤其要給幼兒回答問題及思考的機會，並延伸幼兒的想法及語言，由他們主導。

9. 協助幼兒在活動與活動之間做銜接，例如：先到角落閱讀。

10. 小組活動計畫表的內容可包含下列項目：

(1)活動名稱。

(2)學習經驗：可從十三大學習經驗中選取，最重要的是「主動學習」的經驗。

(3)材料。

(4)表格示例：

教學內容	學習目標	評量結果			
		不會 1	尚可 2	較好 3	很好 4

(5)評量結果：4 代表達成該項目標 75%以上，3 代表達成該項目標 50%～75%，2 代表達成該項目標 25%～50%，1 代表未達成該項目標 25%。

(6)學習目標：共＿＿＿項，通過項目（指評量較好或很好）共＿＿＿項。

(7)針對特殊幼兒所做的調整。

(8)延伸活動。

✿ 參、幼兒學習經驗 ✿

　　「幼兒學習經驗」乃參考筆者於 1998 年之「學習經驗檢核表」而訂定，「學習經驗檢核表」中共列有十三類學習經驗，詳細說明如下。

一、數

1. 比較數字及數量之多少（例如：比較兩堆餅乾哪一堆較多）。
2. 一對一對應（一樣的東西，一個對一個）。
3. 認識並寫出數字。
4. 在談話、畫畫及寫字時，了解數字代表的意義。
5. 辨別、說出形狀。
6. 分辨／做出組型。
7. 會配對及數數（含各種形式的配對，例如：數量與數量、數字與數量、數字與數字）。
8. 會計算（例如：加、減、乘、除）。
9. 會使用測量工具（例如：尺、量杯、體重計）。
10. 會辨認及使用錢幣。
11. 比較大小。
12. 數東西（在一堆物品中數到 n 為止）。
13. 有保留的概念（不因瓶子形狀而改變量的多少）。
14. 排數字及集合大小順序。
15. 估計數量多少。
16. 會買賣物品。

二、分類

1. 能探索及標明每樣事物的特性及名稱（例如：命名物品）。
2. 能辨別及描述物品相同及相異之處。

3. 用各種不同方法操作及描述事物。

4. 描述每件事物的特徵，並知道其所屬的類別。

5. 可同時用兩種標準來描述及分類（例如：找出一張是紅色又是木頭製的椅子）。

6. 分類時可以用不同的標準（例如：可以用顏色，也可以用形狀）。

7. 使用同一種標準來比較事物（例如：比較大小、輕重、粗細、軟硬之異同）。

8. 依照同一種標準將物品分類（例如：大的一堆、小的一堆，或是依長短、軟硬分類）。

9. 把物品按照某種順序排列（例如：長短），並了解之間的關係或規律（例如：把一系列圖片依數量遞減，四片葉子－三片葉子－兩片葉子－一片葉子排列）。

三、時間

1. 計畫及完成一項活動。

2. 描述及了解過去發生的事件。

3. 用語言表達對未來的期望，並事先做準備。

4. 在指示下開始及停止一件事物或動作。

5. 注意、描述及了解事物間的先後次序。

6. 使用時間來描述過去及未來的事物。

7. 比較時間之長短。

8. 觀察時鐘及日曆可用來表示時間，並用時間做記錄。

9. 觀察季節的變換。

10. 會使用時鐘。

11. 會看日曆、月曆。

12. 能依照功課表或作息表作息。

四、空間

1. 把物品組合在一起或分開（例如：樂高積木）。
2. 把一些物品重新組合（例如：摺、轉、拉、堆、綁），並觀察組合後在空間中所呈現之不同現象（例如：不同的形狀、不同的平面），像是摺紙後形狀的改變。
3. 從不同空間（例如：室內、戶外）的角度觀察事物。
4. 經驗及描述物品之間的位置（例如：中間、旁邊、上下、左右）。
5. 經驗及描述人、事、物動作的方向（例如：進入、出去）。
6. 經驗及描述事物間之位置及距離（例如：遠、近、在一起）。
7. 經驗及了解自己的身體（例如：身體部位的位置及不同部位的功用）。
8. 認識周圍環境（例如：教室、學校、鄰居）中各種事物的位置及關係。
9. 描述圖畫及相片中的空間關係。
10. 認識物體的各個部分及從部分認出全部。
11. 認識及表現物體在空間中排列的次序。
12. 經驗及了解對稱之意義。

五、主動學習

1. 充分使用學校的設備（例如：圖書館、操場、戶外空間）。
2. 能經由感官主動探索，認識各種物品及材料的功能及特性，並正確操作，包括：玩具及教具。
3. 藉由操作了解物體之間的關係，幫助幼兒發現關係（例如：把水放入冰箱，發現結冰，退冰融化成水，發現水會變冰、冰會變水）。
4. 預測可能發生之問題（包括：情緒問題），並解決問題。
5. 操作、轉換及組合材料（例如：操作及組合積木）。
6. 能選擇材料及活動，並表現出學習的興趣及需求。
7. 使用教室的器材設備，以增進其學習（例如：玩具、錄音筆、電腦、

DVD 播放機、遊樂器材、音響）。

8. 充分使用小肌肉（例如：剪、貼）。

9. 在教室及戶外場間自由的活動，充分使用大肌肉（例如：跑、跳、走、爬樓梯、溜滑梯）。

六、聽及理解

1. 傾聽。
2. 理解並遵守指令。
3. 喜歡聽故事。
4. 能理解看到的圖（經由各種方式及情境）。
5. 能理解字詞（從熟悉的情境→各種不同的情境→書上）。
6. 能理解聽到、看到的句子（從日常生活及書上）。
7. 理解故事中的細節及內容。
8. 能做圖與人、事、物的配對。
9. 能照順序排圖片（包括：各種相片、卡片、圖片及廣告單）。
10. 能分辨現實與幻想。

七、說

1. 和他人談及或分享自己的經驗。
2. 描述人、事、物間的關係。
3. 表達自己的需求、喜好、感覺。
4. 讓他人把自己的想法寫下來並讀出來。
5. 讓語言成為有趣的活動（經由唱兒歌、故事、童詩等）。
6. 模仿及描述周圍之聲音。
7. 問問題。
8. 講故事（按順序）。
9. 回答問題。
10. 會表示繼續或希望再多一點（例如：製造一些聲音或動作，來表示還要吃或還要玩）。

11. 會選擇並說出自己選擇的人、事、物。

12. 會要求（例如：會要求物品、食物、活動、協助）。

13. 會召喚他人（例如：會以手勢或言語召喚他人）。

14. 會拒絕（例如：會表示要停止某些事，或不要某些事開始）。

15. 會向別人打招呼。

16. 會使用電話。

17. 適當的與他人溝通（例如：輪流保持注意力並切合主題）。

18. 會提供個人的身分資料（例如：姓名、地址、電話號碼）。

八、閱讀

1. 重複大人讀給他聽的內容（例如：故事）。

2. 認識及讀出字的拼音，並用音來記字（例如：說出同音開頭的字）。

3. 讀出自己寫的故事。

4. 讀出字的連結（例如：名字、常見物品）。

5. 閱讀句子。

6. 對書感興趣。

7. 會認識及讀常見的符號（例如：交通標語、洗手間、文字、布列斯符號）。

8. 能主動閱讀並從閱讀中獲得訊息。

9. 會閱讀及使用媒體資源（例如：報紙、電話簿、字典）。

10. 能讀常用的字及了解其構造。

11. 閱讀常見的、可用的訊息（例如：卡片上、書上、雜誌上、溝通卡上、作息表上、食譜上、工作順序卡上的字）。

12. 自己選書及選擇喜歡的書。

13. 有目的的尋找書中的圖片。

14. 能閱讀簡單的短文及故事。

15. 能把相同的字詞及句子配對。

九、寫

1. 寫出自己的經驗。
2. 從寫故事及文章中，表達自己的想法及感受。
3. 寫便條。
4. 會寫出個人的資料（例如：姓名、地址、電話號碼）。
5. 會寫字、語詞及句子。
6. 以貼字代替寫。
7. 以蓋印代替寫。

十、經驗及表達想法

1. 用語文或其他方式表達出想法。
2. 把圖片上看到的東西聯想到真實之事物。
3. 經由角色扮演及藝術創作表現自己的情感。
4. 討論及分享自己及他人的意象（representation），能把看到、聽到或感覺到的呈現出來。
5. 用繪畫及創作表達自己的想法。
6. 把自己的話記錄下來及讀出來。
7. 把郊遊或旅行的心得，用繪畫、建設模型或寫作表現出來。

十一、照顧自己的需要

1. 能獨立吃及喝。
2. 能抓取，用手指食物。
3. 能使用合適的餐具進食（例如：筷子、湯匙）。
4. 能穿脫衣服。
5. 會選擇合適的衣服穿。
6. 會如廁。
7. 會照顧自己的清潔衛生（例如：刷牙、洗臉、洗手、洗澡）。
8. 會準備食物。

9. 會使用自動販賣機。

10. 會自己上下學及使用大眾運輸工具。

11. 會自己撿起掉落的物品。

十二、社會學習

1. 能主動引發、持續及終止社會互動。

2. 能和不同年齡、背景的人產生互動。

3. 能扮演家庭、社區及學習中的各種角色及事物。

4. 能享受參觀旅行的活動。

5. 能接受他人的協助。

6. 對他人能提供協助。

7. 能與他人分享。

8. 能安全的在社區活動（例如：公園、教室）。

9. 能輪流。

10. 能到餐廳（例如：麥當勞）用餐。

11. 能協助家中或學校的工作。

12. 能參與購物及消費。

13. 參與課外活動。

14. 參與小組活動。

15. 參與靜態與動態團體活動（例如：團體遊戲、運動等）。

16. 會區分與熟悉的人及陌生人的互動方式。

17. 能適當的回應人、事、物。

18. 能獨處，或與人共處時，能保持合宜的社會行為。

19. 能獨自從事動態及靜態的活動（例如：看電視）。

20. 能適應日常作息活動的轉移。

21. 適應休息中不可預期的改變。

22. 會整理或看管好個人物品（例如：玩具、文具用品）。

23. 可以獨自完成遊戲／工作，沒有挫折感。

24. 能和他人一起玩或一起工作。

25. 能和殘障同儕互動及工作。

26. 會對警告或危險的訊號有反應（例如：聽到警報器響時，會逃離）。

27. 會選擇喜歡的物品、卡通節目、人、娛樂項目。

28. 會遵守團體的規則。

十三、科學

1. 照顧動物。

2. 養植物。

3. 觀察氣候變化。

4. 觀察及描述一些變化。

5. 探索自然環境。

6. 蒐集自然界的東西。

7. 問問題及做結論。

❀ 肆、領域學習活動課程 ❀

一、認知領域活動（31 個）

二、科學領域活動（18 個）

三、數學領域活動（20 個）

四、語文（含閱讀）領域活動（19 個）

五、精細動作（含美感）領域活動（19 個）

六、社會及情緒領域活動（11 個）

七、大動作領域活動（2 個）

一、認知領域活動

　　此部分的活動是為了檢核及增進幼兒認知能力所設計的課程，這些充滿知性及樂趣的活動，能激發幼兒的認知潛能，而藉著這些活動，培養他們蒐集、組織、運用資料的能力。

　　此部分的每項活動都劃分為四個技巧，每個技巧對認知能力的發展都非常的重要，這樣的劃分有利於教師在活動進行時檢核幼兒的表現。有些幼兒在這些技巧的某些方面，會有很出色的表現，但是從另一方面來說，也有些幼兒會在某些技巧上感到吃力或是缺乏興趣，而需要額外的幫助或鼓勵。

　　在認知領域開頭的三項活動進行後，教師會很清楚幼兒較強或較弱的技巧是在哪一方面，根據這些結果，可以修改其餘的活動以及日常的生活教學，以提供該幼兒最適合的認知能力訓練。雖然認知活動和其他領域的活動有重複的地方，但是仍應分開來討論，以利發展幼兒的思考，使其認知能力得到充分的發揮。

　　認知能力四個技巧的劃分方式如下：

1. 問題解決：能夠找出問題解決的方式，從眾多答案中找出最好的一個。
2. 記憶能力：記得資料的能力，發展良好的搜尋系統。
3. 了解事物的關係：能感覺出物體及事物之間的差異及共同性，並且能做比較和分辨。
4. 溝通能力：具有能把一些想法連貫及解釋的能力，而且能用較清晰及有趣的方法來表示。

和認知相關的學習經驗如下：

1. 能理解看到的圖（聽及理解 4）。
2. 能做圖與人、事、物的配對（聽及理解 8）。
3. 能探索及標明每樣事物的特性及名稱（分類 1）。
4. 能辨別及描述物品相同及相異之處（分類 2）。
5. 能描述每件事物的特徵，並知道其所屬的類別（分類 4）。

住在樹上的動物

學習經驗： 空間、主動學習、聽及理解、說、經驗及表達想法、科學。

材料： 繪本《樹上有老虎？》（小典藏）、學習單。

教學內容	學習目標	評量結果			
		不會 1	尚可 2	較好 3	很好 4
1. 問幼兒老虎住在哪裡？ 2. 問幼兒看過哪些動物住在樹上？ 3. 如果見過，知道是什麼動物？ 4. 介紹繪本《樹上有老虎？》，和幼兒討論為什麼老虎會在樹上，利用書中之故事討論動物間居住的議題。 5. 發下學習單，讓幼兒將動物圖片與住的地方（樹上或陸地上）連在一起。	△和他人談及或分享自己的經驗（說1）： 1. 能說出老虎住的地方。 2. 能說出住在樹上的動物至少一種（例如：猴子）。 △傾聽（聽及理解1）： 3. 能專心聽老師介紹書中的故事。 4. 能說出老虎為什麼會在樹上。 5. 能說出學習單上的動物名稱。（二種以上） △經驗及描述物品之間的位置（空間4）： 6. 能將老師給予的動物圖片與住的地方連在一起。				

評量結果： 4 代表達成該項目標 75%以上，3 代表達成該項目標 50%～75%，2 代表達成該項目標 25%～50%，1 代表未達成該項目標 25%。

學習目標： 共 6 項，通過項目（指評量較好或很好）共____項。

針對特殊幼兒所做的調整： 能仿說動物名稱。

延伸活動： 「烏龜的家」（請見下一個活動）。

學習單

請將動物與住的地方（樹上或陸地上）連在一起。

學習經驗：分類、主動學習、說、科學。

材料：《陸龜和海龜》（理科）、布丁盒子、色紙、膠帶、圖畫紙、剪刀。

教學內容	學習目標	評量結果			
		不會 1	尚可 2	較好 3	很好 4
1. 利用書中動物之圖片講解烏龜住的地方。 2. 講解構造：陸龜與海龜的不同。 3. 告訴幼兒烏龜如何生小孩。 4. 用布丁盒做成烏龜。	△傾聽（聽及理解 1）： 1. 能說出老師手中所拿的書上之圖片名稱。 2. 能指出烏龜的頭、身體（殼）、四肢（腳）、尾巴。 △把圖片上看到的東西聯想到真實之事物（經驗及表達想法 2）： 3. 能說出烏龜的家，有的在陸地上，有的在海裡。 4. 能說出陸龜和海龜腳的不同處。（海龜像魚的鰭一樣，能快速游泳） 5. 能說出烏龜是由烏龜蛋孵出來。 △把一些物品重新組合（空間 2）： 6. 能用膠帶將布丁盒外面貼上圖畫紙、色紙、膠帶做成烏龜。				

評量結果：4 代表達成該項目標 75%以上，3 代表達成該項目標 50%～75%，
　　　　　　2 代表達成該項目標 25%～50%，1 代表未達成該項目標 25%。

學習目標：共 6 項，通過項目（指評量較好或很好）共＿＿項。

針對特殊幼兒所做的調整：能說出烏龜。

延伸活動：將書放在圖書角讓幼兒閱讀。

學習經驗：時間、主動學習。

材料：碼錶、3 種不同的沙漏、色紙、膠帶（台）。

教學內容	學習目標	評量結果			
		不會 1	尚可 2	較好 3	很好 4
1. 拿出沙漏給幼兒看，讓幼兒觀察沙漏，解釋沙漏是怎麼做成的。 2. 將三種不同的沙漏同時反過來，請幼兒記錄沙流完的時間，看哪一個沙漏的沙流得最快，請幼兒輪流翻轉沙漏。 3. 用色紙做沙漏。 4. 最後讓幼兒說出為什麼沙漏的沙漏得快。	△能經由感官主動探索各種材料的功能及特性（主動學習 2）： 1. 會說出沙漏的顏色。 2. 能說出三種沙漏的沙流完的時間。 3. 會描述沙漏的快慢。 4. 能翻轉沙漏。 △注意、描述及了解事物間的先後次序（時間 5）： 5. 能說出哪一種沙漏的沙流得快。 6. 能用色紙捲成漏斗狀。 7. 能使用膠帶（台）。 8. 能做出各種不同大小樣式（洞）的沙漏。 9. 能說出沙漏的洞小、漏得慢。 10. 能說出沙漏的沙量少、漏得快。				

評量結果：4 代表達成該項目標 75%以上，3 代表達成該項目標 50%～75%，
　　　　　2 代表達成該項目標 25%～50%，1 代表未達成該項目標 25%。

學習目標：共 10 項，通過項目（指評量較好或很好）共____項。

針對特殊幼兒所做的調整：能說出沙漏的顏色。

延伸活動：「一日的計畫」（請見下一個活動）。

學習經驗：時間、主動學習、聽及理解、說、經驗及表達想法。

材料：繪本《貝貝的每一天》（滿天星）、彩色筆、學習單。

教學內容	學習目標	評量結果			
		不會 1	尚可 2	較好 3	很好 4
1. 講繪本《貝貝的每一天》——貝貝生活日記的故事，繪本描寫小迷糊貝貝今年 3 歲，是一隻藍色的小無尾熊。 星期一，貝貝穿著拖鞋，就要去上學…… 星期三，她想用垃圾袋裝點心去遠足…… 咦？還有呢？貝貝每天都會做出一些奇怪的事，希望幼兒能一起體驗嬌小可愛的無尾熊女孩——貝貝，其充滿好奇心愉快的每一天！ 2. 問幼兒貝貝一天做了哪些怪怪的事。 3. 讓幼兒說出自己一天做了些什麼事，例如：今天早上在角落做了什麼。 4. 讓幼兒回答下午要去戶外場做什麼。 5. 發學習單：讓幼兒做計畫。	△傾聽（聽及理解 1）： 1. 能聆聽老師介紹繪本：《貝貝的每一天》。 △回答問題（說 9）： 2. 能回答貝貝遭遇什麼困難。 3. 能說出貝貝是隻無尾熊女孩。 4. 能說出貝貝一天做了些什麼。 △使用時間來描述過去及未來的事物（時間 6）： 5. 能說出自己今天在角落時間做了什麼。 6. 能說出今天下午去戶外場要做什麼。 △注意、描述及了解事物間的先後次序（時間 5）： 7. 能說出作業單上的時間是幾點。 8. 能說出自己計畫在哪個時間做什麼。				

評量結果：4 代表達成該項目標 75%以上，3 代表達成該項目標 50%～75%，
　　　　　　2 代表達成該項目標 25%～50%，1 代表未達成該項目標 25%。

學習目標：共 8 項，通過項目（指評量較好或很好）共　　　項。

針對特殊幼兒所做的調整：準備時鐘做時間配對，讓特殊幼兒撥出和布書一
　　　　　　　　　　　　　樣的時間。

延伸活動：「學校的一天」（請見下一個活動）。

學習單

	點　　　分
	點　　　分
	點　　　分

學習經驗：數、時間、主動學習、聽及理解、說。

材料：作息表、時鐘、學習單。

教學內容	學習目標	評量結果			
		不會 1	尚可 2	較好 3	很好 4
1. 以時鐘介紹其功用：時鐘上有兩個指針，長的指針是分針、短的指針是時針，時鐘裡有數字 1 至 12。 2. 讓幼兒觀察時針及分針如何轉動，分針轉一大圈時，時針轉一格。時針指向 1、分針指向 12 時稱為 1 點鐘，依此類推。 3. 請幼兒練習及依指令撥時鐘後讀出是幾點鐘，並介紹一天之中的作息。 4. 老師說出作息的順序及每一段作息的時間，並請幼兒在學習單上圈出整點的作息時間。	1. 能指出分針及時針。 2. 能讀出時鐘 1 至 12 之數字。 3. 能說出時針指向 1、分針指向 12 時，稱為 1 點鐘。 4. 能模仿老師把時鐘撥到幾點。 5. 能依指令把時鐘撥到幾點。 6. 能看著時鐘說出這是幾點鐘。 7. 能說出在學校的作息順序。 8. 能唸出學習單上的作息時間。 9. 能將時鐘圖剪下貼到對應的作息時間。				

評量結果：4 代表達成該項目標 75% 以上，3 代表達成該項目標 50%～75%，
　　　　　　2 代表達成該項目標 25%～50%，1 代表未達成該項目標 25%。

學習目標：共 9 項，通過項目（指評量較好或很好）共 ＿＿ 項。

針對特殊幼兒所做的調整：能說出幾點到學校。

延伸活動：「畫半天學校生活」（請見下一個活動）。

學習單1

時　間		活動項目
上午	08：00～08：30	到校、自由活動
	08：30～08：45	點名、口唇活動
	08：45～09：00	角落計畫
	09：00～09：30	角落時間
	09：30～10：00	戶外時間
	10：00～10：30	點心時間
	10：30～11：00	小組時間
	11：00～11：30	大團體時間
	11：30～12：00	午餐
	12：00～12：30	刷牙、如廁
下午	12：30～02：30	午休時間
	02：30～03：00	角落時間
	03：00～03：20	點心時間
	03：20～03：40	戶外／團體時間
	03：40	放學

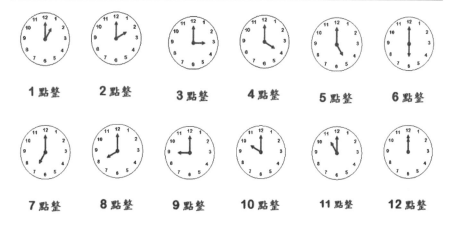

| 1 點整 | 2 點整 | 3 點整 | 4 點整 | 5 點整 | 6 點整 |

| 7 點整 | 8 點整 | 9 點整 | 10 點整 | 11 點整 | 12 點整 |

學習單 2

活動	時間	時鐘
1. 上學	上午 8 點＿＿分	
2. 選角落	上午 9 點＿＿分	
3. 戶外場	上午 9 點 30 分	
4. 吃點心	上午 10 點＿＿分	
5. 小組活動	上午 10 點 30 分	
6. 大團體	上午 11 點＿＿分	
7. 吃午餐	上午 11 點 30 分	
8. 回家	下午 3 點 40 分	

畫半天學校生活

學習經驗：主動學習、聽及理解、說、閱讀、社會學習。

材料：作息表、作息照片、圖畫紙、剪刀、膠水、彩色筆。

教學內容	學習目標	評量結果			
		不會 1	尚可 2	較好 3	很好 4
1. 介紹班上的作息表及每段作息照片，讓幼兒認識教室的作息表、活動項目及順序。 2. 讓幼兒回憶上午的活動。 3. 將老師的每一段作息時間，讓幼兒將相片按順序排列。 4. 老師重複每一段作息時間，讓幼兒將時間寫下來（只須寫整點就好）。 5. 讓幼兒將作息時間剪下貼在圖畫紙上。 6. 讓幼兒依照作息表畫出作息內容。	1. 能說出早上的活動項目（依順序）：角落時間→戶外時間→點心時間→小組時間→大團體時間→午餐→放學。 2. 能將相片按時間順序排列。 3. 能寫出每一段作息的開始時間。 4. 能將每一段作息時間剪下貼在圖畫紙上。 5. 能在貼好作息表的圖畫紙上，依每一段時間畫下自己所做的活動，例如：角落時間玩積木造型就畫積木，戶外場玩溜滑梯就畫溜滑梯（若不能用畫的，可用說的來表示）。				

評量結果：4 代表達成該項目標 75%以上，3 代表達成該項目標 50%～75%，
2 代表達成該項目標 25%～50%，1 代表未達成該項目標 25%。

學習目標：共 5 項，通過項目（指評量較好或很好）共＿＿項。

針對特殊幼兒所做的調整：說出早上幾點到學校。

延伸活動：展示幼兒製作的作息圖。

作息表

時　間		活動項目
上午	08：00～08：30	到校、自由活動
	08：30～08：45	點名、日曆活動
	08：45～09：00	角落計畫
	09：00～09：30	角落時間
	09：30～10：00	戶外時間
	10：00～10：30	點心時間
	10：30～11：00	小組時間
	11：00～11：30	大團體時間
	11：30～12：00	午餐
	12：00～12：10	放學

活動	時間
1. 上學	＿＿＿點＿＿＿分
2. 選角落	＿＿＿點＿＿＿分
3. 戶外場	＿＿＿點＿＿＿分
4. 吃點心	＿＿＿點＿＿＿分
5. 小組活動	＿＿＿點＿＿＿分
6. 大團體	＿＿＿點＿＿＿分
7. 吃午餐	＿＿＿點＿＿＿分
8. 回家	＿＿＿點＿＿＿分

符號遊戲（一）

學習經驗：聽及理解、說、經驗及表達想法、社會學習。

材料：符號卡片、彩色筆、畫紙、剪刀、紙條、小汽車。

教學內容	學習目標	評量結果			
		不會 1	尚可 2	較好 3	很好 4
1. 老師以故事方式做開場白，引起幼兒興趣，例如：拿著小汽車介紹小明一家人旅遊的趣事……中途遇到不同的符號（一邊顯示，一邊請幼兒說出符號意義，老師再補充說明），直到看完一遍卡片。 2. 每人發一張剛剛介紹過的符號卡片，請幼兒一一說出符號的正確內容，並說出符號出現的地點。 3. 鼓勵幼兒自己設計各種不同的符號或指標，以提醒大眾遵守。	1. 能安靜聆聽老師說故事。 2. 能說出卡片內的圖形意義。 3. 能說出常見符號的意義及出現的地點，例如：男女廁所的符號、加油站加油的符號。 4. 能說出自己想設計的符號內容。 5. 能畫出自己設計的符號，例如：禁殺野生動物、禁止踐踏草皮。 6. 能夠和其他幼兒分享自己設計的內容。				

評量結果：4 代表達成該項目標 75%以上，3 代表達成該項目標 50%～75%，2 代表達成該項目標 25%～50%，1 代表未達成該項目標 25%。

學習目標：共 6 項，通過項目（指評量較好或很好）共＿＿項。

針對特殊幼兒所做的調整：能指認交通號誌。

延伸活動：讓幼兒尋找各類符號，例如：電梯及手扶梯，並拍下來。

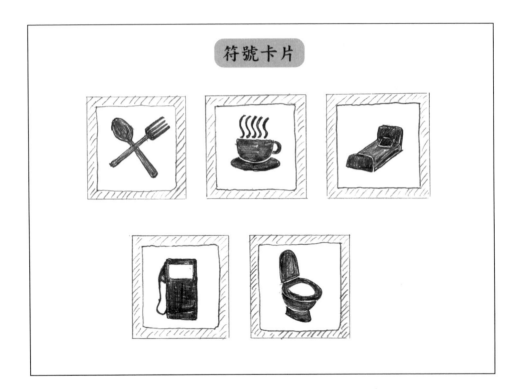

符號遊戲（二）

學習經驗：主動學習、聽及理解、社會學習。

材料：各類符號卡片或相片、空白紙、彩色筆、膠水、膠帶。

教學內容	學習目標	評量結果			
		不會 1	尚可 2	較好 3	很好 4
1. 呈現符號卡片或是相片，複習上次課程，並比一比誰記得最多。 2. 即興故事：老師拿一部車隨口編故事，例如：車子沒油了，讓幼兒一一呈現其手上的符號卡片（車沒油了→開到加油站）。 3. 發給每位幼兒1張空白卡，請幼兒自行設計號誌。 4. 再將設計好的號誌卡做成頭套戴在頭上。 5. 扮演遊戲：當看到其他幼兒頭上戴的號誌時，扮演應有的動作。 6. 請幼兒收拾。	1. 能記得3張以上的符號卡。 2. 能比較誰最多、誰最少。 3. 能聆聽狀況，適時呈現手上正確的符號卡片。 4. 能嘗試設計號誌。 5. 能正確使用膠水、膠帶。 6. 能將號誌卡貼在頭上。 7. 能參與扮演遊戲。 8. 能知道號誌代表的意義並遵守。 9. 能收拾整理。				

評量結果：4代表達成該項目標75%以上，3代表達成該項目標50%～75%，2代表達成該項目標25%～50%，1代表未達成該項目標25%。

學習目標：共9項，通過項目（指評量較好或很好）共＿＿項。

針對特殊幼兒所做的調整：能畫簡單的符號。

延伸活動：「交通號誌（一）」（請見下一個活動）。

交通號誌（一）

學習經驗：數、分類、聽及理解、說。

材料：自製各類交通號誌卡（亦可拍攝馬路上看到的交通號誌）。

教學內容	學習目標	評量結果			
		不會 1	尚可 2	較好 3	很好 4
1. 老師以故事引導，例如：開車上街看到一些號誌……。 2. 將號誌卡攤開，請幼兒找出自己認識的號誌並做分類（禁止標誌：圓形、八角形；注意標誌：三角形；警告標誌：方形）。 3. 教導幼兒不常見的號誌內容。 4. 將號誌卡集中洗牌後，再發給每位幼兒，請其就手上的牌說明內容及容易在何處看到。 5. 閃卡記憶遊戲：老師每次拿3張號誌卡排成一列，請幼兒看過一次後，憑記憶依序說出號誌內容。	1. 能聆聽老師說故事。 2. 能注視呈現的號誌。 3. 能嘗試找出自己認識的號誌。 4. 能說出△是注意標誌。 5. 能說出圓形是禁止標示。 6. 能做號誌配對（找出和老師一樣的）。 7. 能用形狀做號誌分類。 8. 能參與討論並發表。 9. 能說出手上的號誌卡內容。 10. 能知道何種號誌易在何處看到。 11. 能憑記憶依序說出3張號誌卡內容。				

評量結果：4代表達成該項目標75%以上，3代表達成該項目標50%～75%，2代表達成該項目標25%～50%，1代表未達成該項目標25%。

學習目標：共11項，通過項目（指評量較好或很好）共____項。

針對特殊幼兒所做的調整：做號誌配對。

延伸活動：「交通號誌（二）」（請見下一個活動）。

交通號誌 1

禁止迴車

禁止右轉

禁止汽機車進入

禁止行人通行

禁止自行車進入

禁止機車進入

交通號誌（二）

學習經驗：主動學習、聽及理解、說、閱讀、社會學習。

材料：繪本《兔子先生去散步》（信誼）、繪本《妖怪交通號誌》（大邑文化）、交通號誌卡學習單、蠟筆。

教學內容	學習目標	評量結果			
		不會 1	尚可 2	較好 3	很好 4
1. 老師說《兔子先生去散步》的故事，讓幼兒了解兔子依其號誌圖案去散步。 2. 讓幼兒依書中的號誌猜測兔子會往何處去，引導到日常生活中人們也會依交通號誌而行進。 3. 介紹《妖怪交通號誌》繪本，讓幼兒說出書中的交通號誌。 4. 發下交通號誌卡學習單，讓幼兒說出及圈出 3 個以上自己認識的交通號誌。 5. 讓幼兒向老師或其他幼兒分享交通號誌代表的意義。	1. 能聆聽老師講《兔子先生去散步》的故事。 2. 能依書中的號誌猜測兔子會往何處去。 3. 能說出在《妖怪交通號誌》繪本中看到的交通號誌。 4. 能在交通號誌卡學習單上圈出自己認識的號誌。 5. 能向老師或其他幼兒說明交通號誌代表的意義。				

評量結果：4 代表達成該項目標 75%以上，3 代表達成該項目標 50%～75%，2 代表達成該項目標 25%～50%，1 代表未達成該項目標 25%。

學習目標：共 5 項，通過項目（指評量較好或很好）共＿＿項。

針對特殊幼兒所做的調整：說出紅綠燈標誌。

延伸活動：「陸上交通」（請見下一個活動）。

學習經驗：空間、主動學習、聽及理解、說。

材料：玩具飛機、直升機、汽車、火車、摩托車、潛水艇等、繪本《前面還有什麼車？》（小魯）、彩色筆（紅、黃、綠）。

教學內容	學習目標	評量結果			
		不會 1	尚可 2	較好 3	很好 4
1. 介紹繪本《前面還有什麼車？》，引導幼兒認識各式各樣的車子種類。 2. 讓幼兒說出其他車輛名稱及在哪兒看到，並引導至認識陸上交通標誌。 3. 讓幼兒發表看過的街上標誌，並畫出紅綠燈。 4. 讓幼兒操作玩具。	1. 能聆聽老師說故事。 2. 能至少說出三種交通工具的名稱及在哪兒看到。 3. 能說出書上未提及的車輛名稱及在哪兒看到。 4. 能說出陸上交通標誌及其形狀。 5. 能畫出紅綠燈。 6. 能依玩具特性操作玩具：上發條或將車推動。				

評量結果：4 代表達成該項目標 75%以上，3 代表達成該項目標 50%～75%，2 代表達成該項目標 25%～50%，1 代表未達成該項目標 25%。

學習目標：共 6 項，通過項目（指評量較好或很好）共＿＿＿項。

針對特殊幼兒所做的調整：玩玩具。

延伸活動：「空中交通工具」（請見下一個活動）。

空中交通工具

學習經驗： 經驗及表達想法、社會學習。

材料： 交通工具圖卡、繪本《交通工具愛旅行》（南一）、各種玩具飛機。

教學內容	學習目標	評量結果			
		不會 1	尚可 2	較好 3	很好 4
1. 介紹交通工具圖卡，讓幼兒根據圖片中的交通工具找熱氣球、玩具飛機及直升機。 2. 和幼兒討論天空中的交通工具有哪些，比較不同的飛機有何不同，是否搭過飛機及在哪裡搭飛機。 3. 介紹《交通工具愛旅行》繪本，引起幼兒對空中交通工具的興趣。	1. 會將老師提供的玩具飛機及直升機與交通工具圖卡做配對。 2. 看到熱氣球圖片，會說出熱氣球。 3. 會說出多種空中的交通工具。 4. 會說出欲到何處必須搭飛機。 5. 會比較直升機和飛機的不同，例如：機翼和螺旋槳位置。 6. 會知道欲搭飛機應到飛機場。 7. 能聽故事。 8. 能玩各種飛機。				

評量結果： 4 代表達成該項目標 75%以上，3 代表達成該項目標 50%～75%，2 代表達成該項目標 25%～50%，1 代表未達成該項目標 25%。

學習目標： 共 8 項，通過項目（指評量較好或很好）共＿＿項。

針對特殊幼兒所做的調整： 能玩飛機。

延伸活動： 將玩具車放在角落讓幼兒探索。

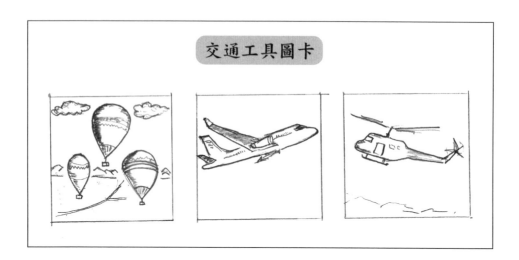

學習經驗：空間、主動學習、聽及理解、社會學習。

材料：《交通工具迷宮》（小天下）、自製迷宮圖（3個）。

教學內容	學習目標	評量結果			
		不會 1	尚可 2	較好 3	很好 4
1. 老師將3個自製迷宮圖展示貼在桌上，說明每一張迷宮圖均有起點及出口，並示範如何找到出口。 2. 接著介紹《交通工具迷宮》繪本，這是一本以交通工具為主題，由很多交通工具的圖案所組成的迷宮，可讓幼兒在玩迷宮之外還可認識交通工具。書中有 12 張迷宮圖，讓幼兒兩人一組，發給每組2張迷宮圖。 3. 讓幼兒輪流玩迷宮圖及說出迷宮圖上有哪些交通工具。 4. 當一位幼兒做紙上迷宮時，另一位幼兒則當小老師檢視（兩人輪流）。	1. 能注意聆聽老師說明。 2. 能找出起點及出口。 3. 能選擇搭檔。 4. 能用車子走迷宮圖。 5. 能從起點走至出口。 6. 能說出迷宮圖上有哪些交通工具。 7. 能輪流。 8. 能合作完成走迷宮。				

評量結果：4代表達成該項目標75%以上，3代表達成該項目標50%～75%，2代表達成該項目標25%～50%，1代表未達成該項目標25%。

學習目標：共7項，通過項目（指評量較好或很好）共＿＿項。

針對特殊幼兒所做的調整：能完成直線迷宮或有明顯出口之迷宮。

延伸活動：「逗趣迷宮」（請見下一個活動）。

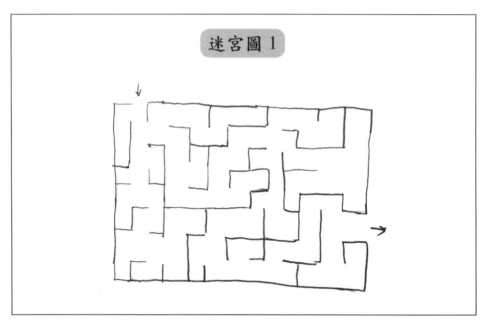

迷宮圖 1

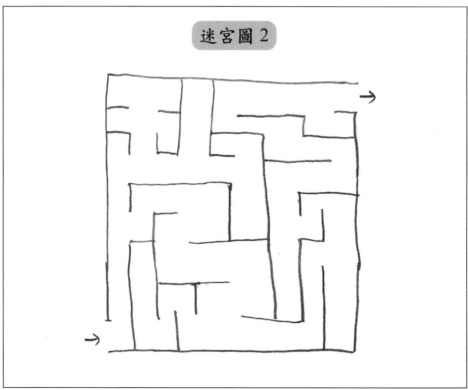

迷宮圖 2

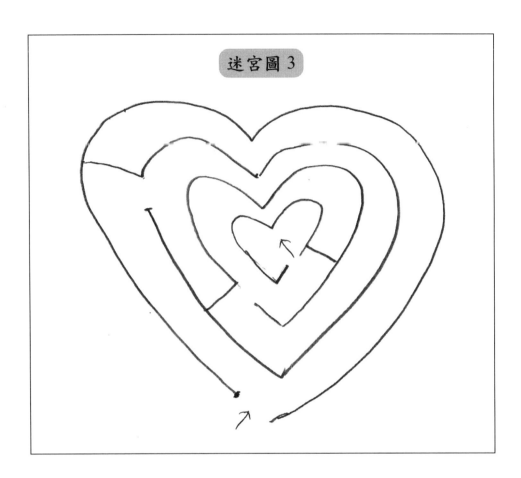

學習經驗：空間、主動學習、聽及理解、說、社會學習。

材料：自製迷宮圖（3 個，先護貝）、迷宮外形圖、衛生紙、筆。

教學內容	學習目標	評量結果			
		不會 1	尚可 2	較好 3	很好 4
1. 請幼兒兩人一組，並依能力給予不同難易度的迷宮圖，特殊幼兒可走明顯出口的迷宮。 2. 老師發給事先畫好 5×5 虛線格子之迷宮外形圖，教導幼兒完成裡面的部分：先找到入口及出口，以及由入口到出口的路，並用線條描繪到出口的通路，再將其他通路圍起來，成為不通的死路。 3. 讓幼兒用不同的方式裝飾（繪畫、蓋印或貼紙）迷宮圖。 4. 發表：請幼兒介紹自製迷宮圖。 5. 分享：請幼兒走其他幼兒製作的迷宮圖。	1. 能走有明顯出口之迷宮。 2. 能走連續彎路之迷宮。 3. 能合作完成走迷宮。 4. 能聆聽製作注意事項。 5. 能構思自己的迷宮圖。 6. 能說明自製迷宮的起點及終點（例如：小明找車子）。 7. 能用不同的方式（繪畫、蓋印或貼紙）裝飾迷宮圖。 8. 能分享製作迷宮的方式和心得。				

評量結果：4 代表達成該項目標 75%以上，3 代表達成該項目標 50%～75%，
　　　　　　2 代表達成該項目標 25%～50%，1 代表未達成該項目標 25%。

學習目標：共 8 項，通過項目（指評量較好或很好）共＿＿＿項。

針對特殊幼兒所做的調整：能指出起點及出口在哪裡。

延伸活動：將自製迷宮圖放在角落讓幼兒探索。

迷宮圖 1

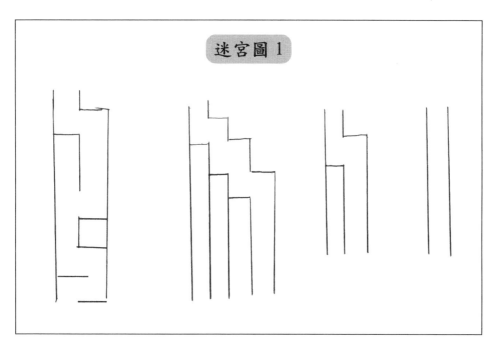

迷宮圖 2

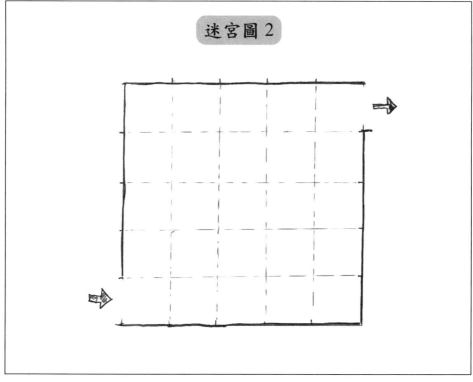

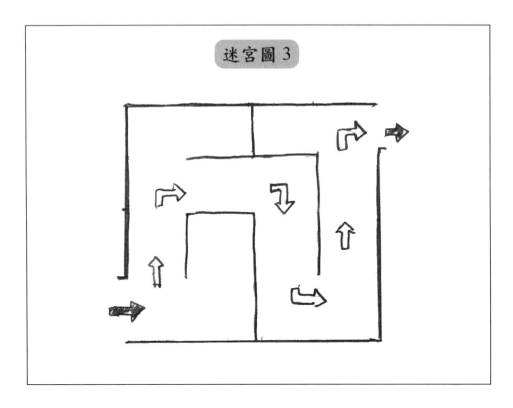

迷宮圖 3

認識拼圖

學習經驗：分類、空間、主動學習、說、社會學習。

材料：磁鐵拼圖、木製拼圖、塑膠拼圖、紙製拼圖、小豬玩偶。

教學內容	學習目標	評量結果			
		不會 1	尚可 2	較好 3	很好 4
1. 先拿出拼圖，問幼兒這是什麼名稱。 2. 介紹拼圖的名稱，請幼兒說出來。 3. 向幼兒介紹拼圖的材質（木頭、塑膠、紙類）。 4. 拼圖不小心被迷糊的小豬打翻了，請幼兒幫小豬將拼圖種類分成磁鐵、木頭、塑膠、紙類。 5. 請幼兒拿出一種拼圖，進行拼圖遊戲，完成之後與其他幼兒分享拼圖的內容。 6. 和幼兒互相交換拼圖。	1. 能說出老師手上的拼圖名稱。 2. 能說出各種拼圖呈現的內容。 3. 能說出自己手上的拼圖是什麼做的及片數。 4. 能說出拼圖的材質。 5. 能將自己手上的拼圖片放回原來的盒子中。 6. 能選擇一種拼圖來玩。 7. 能完成拼圖並說出內容。 8. 能與其他幼兒交換拼圖玩。				

評量結果：4 代表達成該項目標 75%以上，3 代表達成該項目標 50%～75%，2 代表達成該項目標 25%～50%，1 代表未達成該項目標 25%。

學習目標：共 8 項，通過項目（指評量較好或很好）共＿＿＿項。

針對特殊幼兒所做的調整：能完成片數較少的拼圖。

延伸活動：將拼圖放在角落讓幼兒探索。

比長短〈三〉

學習經驗：分類、時間、空間、主動學習、經驗及表達想法。

材料：數棒、長短線。

教學內容	學習目標	評量結果			
		不會 1	尚可 2	較好 3	很好 4
1. 老師以兩條線介紹長、短，請幼兒觀察長、短，並以手勢比出，再請幼兒說出 2 條線有何不同？讓幼兒將 3 條長短不一的線，由長排到短，並指出何者長？何者短？	1. 能觀察並指出長線。 2. 能觀察並指出短線。 3. 能操作 3 條線並由長排到短。 ——————— ——————— —				
2. 老師接著以兩根數棒介紹長、短，請幼兒觀察長、短，並以手勢比出，再讓幼兒將長短不一的數棒，由長排到短，並指出何者長？何者短？	4. 能指出 3 條線中誰最長。 5. 能指出 3 條線中誰最短。 6. 能依指示找出最長的數棒。 7. 能依指示找出最短的數棒。 8. 能依長度排列數棒。 9. 能依指示找出最長的接龍小方塊。				
3. 接著將接龍小方塊疊起來。請幼兒指出最長的接龍小方塊。	10. 能將 2 根數棒組合成一樣長。				
4. 老師請幼兒將數棒組合成一樣長度，請幼兒組合，並說出 2 根長度相差多少。	11. 能說出長度相差多少。 —1 根 ———2 根 ———3 根				
5. 請幼兒依指示逐一排列各類材料。	12. 能逐一排列各類材料。				

評量結果：4 代表達成該項目標 75%以上，3 代表達成該項目標 50%～75%，2 代表達成該項目標 25%～50%，1 代表未達成該項目標 25%。

學習目標：共 12 項，通過項目（指評量較好或很好）共＿＿項。

針對特殊幼兒所做的調整：能分辨長短。

延伸活動：在角落擺放長短不一的數棒或接龍小方塊讓幼兒操作。

認識安全玩具

學習經驗：說、經驗及表達想法、照顧自己的需要、社會學習。

材料：絨毛玩具、電池玩具、旋轉玩具、發出聲音玩具、組合玩具。

教學內容	學習目標	評量結果			
		不會 1	尚可 2	較好 3	很好 4
1. 老師展示各種玩具，讓每一組幼兒自行挑選並操作玩具。 2. 詢問幼兒玩具的玩法及如何作分類及愛護玩具。 3. 向幼兒介紹安全玩具並讓幼兒手寫玩具標章ST。 4. 教導幼兒如何收拾，並實際帶幼兒整理與收拾。	1. 能操作玩具並與他人交換玩。 2. 能說出自己手上玩具的玩法。 3. 能說出玩具如何分類。 4. 能說出如何愛護玩具。 5. 能用手摹寫 ST（安全玩具）。 6. 能在玩具或盒子上找到ST標誌，知道它代表的意義。 7. 能說出如何收拾玩具。 8. 能將玩具收好放回自己的工作櫃或交給老師。				

評量結果：4 代表達成該項目標 75%以上，3 代表達成該項目標 50%～75%，
2 代表達成該項目標 25%～50%，1 代表未達成該項目標 25%。

學習目標：共 8 項，通過項目（指評量較好或很好）共＿＿＿項。

針對特殊幼兒所做的調整：能玩玩具。

延伸活動：「好玩的玩具」（請見下一個活動）。

學習經驗：分類、主動學習、說、經驗及表達想法、社會學習。

材料：電池玩具、發條玩具、按鈕玩具、吹風機、電池。

教學內容	學習目標	評量結果			
		不會 1	尚可 2	較好 3	很好 4
1. 老師拿出一些玩具放在桌上，先請幼兒一一選擇要操作的玩具後，再讓幼兒說出自己玩了哪些玩具的名稱及每一種玩具的操作方法（例如：小熊是電動前進，小白兔是轉一轉發條前進，吹風機是按鈕啟動）。 2. 老師拿出大、中、小電池，說明電池的功用。 3. 讓幼兒將剛剛操作的玩具分類，需電池的玩具放一起、發條放一起、按鈕的放一起，分類後與同組幼兒一起分享玩具。	1. 能自己選擇玩具。 2. 能自行操作玩具及探索玩法。 3. 能與其他幼兒交換玩具。 4. 能在操作後說出自己玩的玩具名稱。 5. 能說出自己玩具的玩法。 6. 能說出電池的用途（有電）。 7. 能將玩具依發動方式分類： 　⑴電池類；⑵發條類；⑶按鈕類。 8. 能正確操作每一種玩具。 9. 能與其他幼兒分享。				

評量結果：4 代表達成該項目標 75%以上，3 代表達成該項目標 50%～75%，
　　　　　　2 代表達成該項目標 25%～50%，1 代表未達成該項目標 25%。

學習目標：共 9 項，通過項目（指評量較好或很好）共＿＿＿項。

針對特殊幼兒所做的調整：能說出玩具名稱。

延伸活動：將電池玩具、發條玩具、按鈕玩具放在角落供幼兒探索。

學習經驗：分類、空間、主動學習。

材料：福祿貝爾恩物 9：環與半環（直徑分別為 3、4、5、6 公分的全環與半環）。

教學內容	學習目標	評量結果			
		不會 1	尚可 2	較好 3	很好 4
1. 介紹福祿貝爾恩物 9：環與半環（一個圓環、半個圓環、及其他小的環）。 2. 讓幼兒操弄兩種環。 3. 比較環的大小。 4. 做環的組合。	△能經由感官主動探索各種材料的功能及特性（主動學習 2）： 1. 會將環（一個圓環、半個圓環）放在手中或身上操弄。 2. 會分辨圓環的大小（大、中、小）。 3. 會說出圓環的顏色。 4. 能說出「c」為半個圓環。 △把一些物品重新組合（空間 2）： 5. 能利用手中的數個環（圓環、半環）排列組合出各式圖案。 6. 能說出自己所排列組合的是何物。				

評量結果：4 代表達成該項目標 75%以上，3 代表達成該項目標 50%～75%，2 代表達成該項目標 25%～50%，1 代表未達成該項目標 25%。

學習目標：共 6 項，通過項目（指評量較好或很好）共＿＿項。

針對特殊幼兒所做的調整：能說出圓形。

延伸活動：「另一半在哪裡」（請見下一個活動）。

另一半在哪裡

學習經驗：空間、主動學習、聽及理解、說、經驗及表達想法、社會學習。

材料：大象模型、神祕袋（內含觸摸物品）、交通工具配對卡、圖畫紙、筆。

教學內容	學習目標	評量結果			
		不會 1	尚可 2	較好 3	很好 4
1. 老師以「瞎子摸象」的故事做為引導，請幼兒說出故事大意，並讓幼兒回答故事問題。 2. 拿出神祕袋請幼兒將手放進袋內觸摸，並猜猜袋內的物品。 3. 發下交通工具配對卡，請幼兒以視覺尋找圖片的另一半，並將圖片的 2 個部分組合起來。 4. 讓幼兒說出圖片組合後的名稱。 5. 請幼兒畫出圖片。 6. 最後請幼兒比較用手還是用眼睛比較能猜出物品。	1. 能專心聆聽老師說故事。 2. 能說出故事大意。 3. 能回答問題（與故事有關）。 4. 能依觸覺猜出物品名稱。 5. 能將圖片組合在一起。 6. 能說出圖片名稱。 7. 能畫出物品。 8. 能說出用手還是用眼睛比較能猜出物品。				

評量結果：4 代表達成該項目標 75% 以上，3 代表達成該項目標 50%～75%，2 代表達成該項目標 25%～50%，1 代表未達成該項目標 25%。

學習目標：共 8 項，通過項目（指評量較好或很好）共＿＿項。

針對特殊幼兒所做的調整：能說出物品名稱。

延伸活動：「對稱」（請見下一個活動）。

學習經驗：空間、主動學習、聽及理解、說、經驗及表達想法、社會學習。

材料：紙、彩色筆、「囍」字圖片、繪本《魔法學校發生的事》（聯經）。

教學內容	學習目標	評量結果			
		不會 1	尚可 2	較好 3	很好 4
1. 拿出繪本《魔法學校發生的事》，說明為了治好不對稱病，要在一天之內找到十種對稱的東西才會痊癒。 2. 教幼兒什麼是「對稱」，請幼兒遮住半張臉，看看其他幼兒的臉，說出看到的五官有哪些？ 3. 請幼兒遮住另一邊的臉，再說出看到了哪些部分。 4. 以剛才的活動為例，介紹幼兒什麼是「對稱」。老師：「知道什麼是對稱了嗎？兩邊有一樣的外型、大小、樣子，不過左右相反，就叫做對稱。」 5. 拿出「囍」字圖片，將它左右對折成兩半，說明這就是對稱。 6. 請幼兒想想看，生活中還有什麼東西是對稱的？（例如：風箏、書、寶特瓶等）。 7. 準備一張白紙，讓幼兒將對稱的物品畫下來，再將畫對折，並向其他幼兒解釋該畫是否為對稱。	1. 能聆聽老師說故事。 2. 可以說出看到的五官。 3. 能夠知道對稱的概念。 4. 能說出對稱的物品。 5. 能畫出對稱的物品。 6. 能說出自己的畫是否對稱。				

評量結果：4 代表達成該項目標 75%以上，3 代表達成該項目標 50%～75%，
　　　　　　2 代表達成該項目標 25%～50%，1 代表未達成該項目標 25%。

學習目標：共 6 項，通過項目（指評量較好或很好）共＿＿＿項）。

針對特殊幼兒所做的調整：能將紙對摺。

延伸活動：「部分與全部」（請見下一個活動）。

部分與全部

學習經驗：空間、主動學習、聽及理解、說。

材料：模型玩具（飛機、雞）、大塊布、「誰是誰歸類遊戲卡」（信誼）、
10 片以內的拼圖、學習單、剪刀、筆。

教學內容	學習目標	評量結果			
		不會 1	尚可 2	較好 3	很好 4
1. 老師用布將模型玩具雞遮住，露出一角，請幼兒猜猜是什麼？ 2. 取出「誰是誰歸類遊戲卡」，請幼兒觀看露出圓形部分，如幼兒猜不出，就換至較大的三角形露出部分，再看不出來就換成長方形的露出部分。 3. 說明拼圖的玩法後，可依幼兒的能力給予 2 片、3 片的拼圖板，打散後再拼回去。 4. 說明學習單，請幼兒剪下左邊部分圖案，再黏貼至右邊不完整的圖案，使其成為一個完整的圖案。	1. 能說出被布遮住的物品。 2. 能在圓形板中猜出圖片名稱。 3. 能在三角形板中猜出圖片名稱。 4. 能在長方形板中猜出圖片名稱。 5. 能完成拼圖中的 3 片拼圖。 6. 能完成拼圖中的 6 片拼圖。 7. 能完成學習單。				

評量結果：4 代表達成該項目標 75%以上，3 代表達成該項目標 50%～75%，
2 代表達成該項目標 25%～50%，1 代表未達成該項目標 25%。

學習目標：共 7 項，通過項目（指評量較好或很好）共＿＿＿項。

針對特殊幼兒所做的調整：能拼圖。

延伸活動：「部分與整體」（請見下一個活動）。

學習單

請剪下左邊部分圖案，再黏貼至右邊圖案的左邊，使其成為一個完整的圖案。

部分與整體

學習經驗：數、分類、主動學習、說。
材料：蘋果 2 個、芭樂 2 個、柳丁 2 個、橘子 2 個、奇異果 2 個、番茄 2 個、
　　　　魔術袋、刀子、盤子。

教學內容	學習目標	評量結果			
		不會 1	尚可 2	較好 3	很好 4
1. 請幼兒說出桌上的水果名稱，並數一數每一類各有幾個（例如：蘋果有 2 個）。 2. 請幼兒透過視覺、觸覺與嗅覺，親身體驗每一種水果的色、形、味。 3. 老師將水果放進魔術袋中，請幼兒摸摸看是什麼水果，猜一猜名稱，拿出來看一看，是否答對了。 4. 請每位幼兒各拿一樣水果（每個人不一樣），再將水果放進魔術袋中再摸一次，猜一猜名稱，如果是跟手上的水果一樣，就舉手。 5. 將水果切成兩半，請幼兒看果肉找出是何種水果。	1. 能說出桌上每一樣水果的名稱。 2. 能數一數後說出每一種水果的數量。 3. 能在透過感官經驗後，說出水果的顏色、形狀、味道。 4. 能在手放進魔術袋摸摸看時說出水果名稱。 5. 能在第二次摸摸看時，說出是跟誰手上的水果相同。 6. 在切開果肉時，能說出是哪一種水果的果肉。				

評量結果：4 代表達成該項目標 75%以上，3 代表達成該項目標 50%～75%，
　　　　　　2 代表達成該項目標 25%～50%，1 代表未達成該項目標 25%。
學習目標：共 6 項，通過項目（指評量較好或很好）共＿＿＿項。
針對特殊幼兒所做的調整：能說出水果的名稱及數量。
延伸活動：認識午餐的水果。

學習經驗：主動學習、聽及理解、說、閱讀。

材料：「我的身體」拼圖、字卡、學習單。

教學內容	學習目標	評量結果			
		不會 1	尚可 2	較好 3	很好 4
1. 老師呈現「我的身體」拼圖，請幼兒指認身體各部位（頭、手、手指、眼睛、鼻子、嘴巴、腳……）。 2. 將拼圖打散，讓幼兒拼好。 3. 呈現頭、手、腳字卡，請幼兒唸出字卡。 4. 再呈現頭、手、腳的字卡，請幼兒看到字就要造句，例如看到手的字時，要幼兒說：這是我的手。 5. 利用學習單完成圖與字的配對。	1. 能指出拼圖上的身體部位： (1)頭。 (2)手。 (3)腳。 2. 能將拼圖組好。 3. 能念出字卡： (1)頭。 (2)手。 (3)腳。 4. 能用「這是……」造句（例如：這是我的手）。 5. 能將字與圖配對。				

評量結果：4 代表達成該項目標 75%以上，3 代表達成該項目標 50%～75%，2 代表達成該項目標 25%～50%，1 代表未達成該項目標 25%。

學習目標：共 5 項，通過項目（指評量較好或很好）共＿＿項。

針對特殊幼兒所做的調整：能說出身體部位。

延伸活動：「我的身體（二）」（請見下一個活動）。

學習單

請將圖與字連一連。

．　　　．頭

．　　　．手

．　　　．腳

我的身體（二）

學習經驗： 分類、時間、空間、經驗及表達想法。

材料： 繪本《五官的奧秘》（新時代）、娃娃、自製拼圖卡（頭、身體、手、腳）、圖畫紙、膠水、彩色筆。

教學內容	學習目標	評量結果			
		不會 1	尚可 2	較好 3	很好 4
1. 利用繪本介紹五官的奧秘，讓幼兒說出娃娃各部位的名稱，並指出自己身上的相同部位。 2. 請幼兒說出娃娃上的身體部位在身體上的功能為何？ 3. 發給幼兒每人一份拼圖卡（分為頭部、身體、手、腳），並將各部分拼成一完整之圖形，貼於圖畫紙上。 4. 請幼兒在拼好的臉上加上眼睛、鼻子、嘴巴，完成一完整的臉部圖形（速度較快的幼兒可將拼好之圖形著色）。	△把圖片上看到的東西聯想到真實之事物（經驗及表達想法 2）： 1. 能說出娃娃的身體部位。 2. 能將娃娃身上的部位在自己身上指出來。 △描述每件事物的特徵，並知道其所屬的類別（分類 4）： 3. 能說出娃娃的身體部位在身體上的功能。 △把一些物品重新組合（空間 2）： 4. 能將各部位拼好，完成一完整之圖案。 △認識及表現物體在空間中排列的次序（空間 11）： 5. 能將臉部加上五官及著色。				

評量結果： 4 代表達成該項目標 75% 以上，3 代表達成該項目標 50%～75%，2 代表達成該項目標 25%～50%，1 代表未達成該項目標 25%。

學習目標： 共 5 項，通過項目（指評量較好或很好）共____項。

針對特殊幼兒所做的調整： 能指認眼睛及鼻子。

延伸活動： 在教室角落放置人體拼圖及醫務組玩具供幼兒探索。

學習經驗：主動學習、聽及理解、說。

材料：繪本《神奇的身體》（新時代）、「男孩、女孩成長順序拼圖」（文思堂）。

教學內容	學習目標	評量結果			
		不會 1	尚可 2	較好 3	很好 4
1. 老師介紹《神奇的身體》一書，並請幼兒摸摸自己的五官、頭、手、腳、胸部、腹部（肚子）及屁股等各部位。 2. 用書中圖片介紹心臟和肺臟的位置、形狀、數量及功能。 3. 讓幼兒拼「男孩、女孩成長順序拼圖」。	1. 能聆聽老師說故事。 2. 能聽老師口令摸身體部位至少 3 個。 3. 能指出胸部、肚子的不同位置。 4. 能專心看書中圖片。 5. 能專心聽老師說明心肺的位置、形狀、數量、功能。 6. 能回答老師問題： 　(1)胸部有什麼器官？ 　(2)人有幾個心臟？幾個肺臟？ 　(3)心臟在做什麼？ 　(4)肺臟在做什麼？ 7. 能拼人體拼圖（男孩及女孩）。 8. 能用醫務組（玩具）操作聽診器及針筒。				

評量結果：4 代表達成該項目標 75%以上，3 代表達成該項目標 50%～75%，2 代表達成該項目標 25%～50%，1 代表未達成該項目標 25%。

學習目標：共 8 項，通過項目（指評量較好或很好）共＿＿項。

針對特殊幼兒所做的調整：能指出肚子在哪裡。

延伸活動：醫院內的小兒科扮演活動。

學習經驗：主動學習、經驗及表達想法。

材料：小兒科藥袋、塑膠針筒、醫務箱玩具組（包括：聽診器、血壓計、X光圖等）、白紙、色紙（製作藥包）。

教學內容	學習目標	評量結果			
		不會 1	尚可 2	較好 3	很好 4
1. 提供平日幼兒熟悉的醫療用品玩具及藥袋，讓幼兒輪流扮演不同角色（病人、醫生、護士）及工作：醫生工作→聽診、寫病歷；護士工作→打針、量體溫、包藥、量血壓。 2. 讓幼兒認識藥袋、製作藥包及將藥包放入藥袋中。	1. 能說出自己的身體曾經有過哪些病痛。（肚子痛、頭痛、牙痛等） 2. 能使用聽診器做出為病人聽診的動作。 3. 會拿起針筒做出為病人打針的動作。 4. 能使用血壓計，將布黏貼在手臂部分，用手擠壓充氣。 5. 能說出藥袋上有哪些資料。 6. 會將藥包在色紙內。 7. 會將藥包放入藥袋。				

評量結果：4 代表達成該項目標 75%以上，3 代表達成該項目標 50%～75%，2 代表達成該項目標 25%～50%，1 代表未達成該項目標 25%。

學習目標：共 7 項，通過項目（指評量較好或很好）共____項。

針對特殊幼兒所做的調整：能操作聽診器。

延伸活動：玩角色扮演。

學習經驗：聽及理解、說、科學。

材料：繪本《蠶寶寶》（親親文化）、影片。

教學內容	學習目標	評量結果			
		不會 1	尚可 2	較好 3	很好 4
1. 透過繪本上的圖片說明，介紹蠶寶寶的一生（生長系統的順序圖片）。 2. 利用影片介紹蠶的一生，從在桑葉上吃著嫩葉、身穿白衣、一天天長大、吐絲、結繭、破繭、蛾產卵、卵成熟後則成蠶寶寶，如此生生不息地成長。	1. 能主動觀察繪本中的圖片。 2. 能專心聆聽故事。 3. 能專心觀賞影片。 4. 能說出蠶寶寶與毛毛蟲的不同。（蠶寶寶是白色的，毛毛蟲有各種顏色） 5. 能在欣賞完影片後，說出蠶變蛾的過程。（蠶→吃桑葉→吐絲→繭→蛾→產卵→……）				

評量結果：4 代表達成該項目標 75%以上，3 代表達成該項目標 50%～75%，2 代表達成該項目標 25%～50%，1 代表未達成該項目標 25%。

學習目標：共 5 項，通過項目（指評量較好或很好）共＿＿項。

針對特殊幼兒所做的調整：看到蠶會說出牠是蠶。

延伸活動：養蠶。

人類生長史（一）

學習經驗：分類、時間、主動學習、聽及理解。

材料：幼兒成長照片、繪本《我從哪裡來》（幼福）。

教學內容	學習目標	評量結果			
		不會 1	尚可 2	較好 3	很好 4
1. 老師以繪本《我從哪裡來》輕鬆活潑的敘述方式，讓幼兒了解自己是從哪裡來的。 2. 配合幼兒們帶來的照片向幼兒介紹成長的順序。 3. 將幼兒帶來的照片混在一起，隨機抽一張，請幼兒發表照片中的人物年齡，以及在做什麼事。 4. 將蒐集的照片發給各組，請各組幼兒將同一個人的相片放在一起，按年齡先後順序排列並發表排列順序，例如：先爬→站→走。	1. 能聆聽老師說故事。 2. 能對繪本中的圖片有興趣。 3. 能說出自己是從哪裡來。 4. 能說出照片中的人物在做什麼。 5. 能說出照片中的人物年齡。 6. 能依生長過程排列照片。 7. 能說出排列的順序。				

評量結果：4 代表達成該項目標 75%以上，3 代表達成該項目標 50%～75%，2 代表達成該項目標 25%～50%，1 代表未達成該項目標 25%。

學習目標：共 7 項，通過項目（指評量較好或很好）共＿＿＿項。

針對特殊幼兒所做的調整：能找出自己的照片。

延伸活動：將帶來的照片貼在教室讓大家認識自己和其他幼兒。

人類生長史（二）

學習經驗：數、說、經驗及表達想法、科學。

材料：繪本《我愛我的家》（人類智庫）、從出生至目前為止的幼兒生活照、「媽媽懷孕順序拼圖」（文思堂）。

教學內容	學習目標	評量結果			
		不會 1	尚可 2	較好 3	很好 4
1. 老師以《我愛我的家》繪本介紹主角和小仙子的互動，突顯出爸媽養育孩子有多麼辛苦，包括：嬰兒出生前，媽媽得挺著大肚子做家事。 2. 請孕婦現身說法，讓幼兒進一步知道，自己原本是住在媽媽子宮內，經過將近 10 個月才出生的，慢慢的經養育、學習，從小小的嬰兒，慢慢的一天一天長大，從懷孕→出生嬰兒→到現在。 3. 最後請幼兒拼「媽媽懷孕順序拼圖」。 4. 讓幼兒在一堆相片中，去找自己不同年齡時的相片，並說出相片中的自己在做什麼，再按年齡排出順序。 5. 和幼兒討論自己是如何長大。	1. 能在經過書籍、圖片、孕婦的介紹後，說出孕婦大大的肚子裡是住著小寶寶。 2. 能經由書籍的介紹說出自己是怎麼來的（媽媽生出來的）。 3. 能經過孕婦的說明與觀察孕婦的肚子後，說出寶寶是住在子宮裡。 4. 能按照媽媽懷孕順序拼圖。 5. 能在一堆相片裡找出自己的相片。 6. 能說出每一張相片中的自己在做什麼。 7. 能將相片中的自己以年齡排出順序。 8. 能在觀察順序中說出自己是經過爸媽養育而長大的。				

評量結果：4 代表達成該項目標 75%以上，3 代表達成該項目標 50%～75%，2 代表達成該項目標 25%～50%，1 代表未達成該項目標 25%。

學習目標：共 8 項，通過項目（指評量較好或很好）共＿＿＿項。

針對特殊幼兒所做的調整：能說出自己是如何生出來的。

延伸活動：幫家人拍照。

各行各業

學習經驗：數、說、經驗及表達想法、社會學習。

材料：「職業工具關係配對」圖卡（理特尚）、學習單。

教學內容	學習目標	評量結果			
		不會 1	尚可 2	較好 3	很好 4
1. 以幼兒討論自己爸媽的工作名稱、工作內容、工作地點引起動機，引導介紹社會上的各行各業。 2. 請幼兒說出各種職業圖卡人物的職業及工作內容。 3. 從排列的圖卡中找出爸媽的工作。 4. 請幼兒將各種職業的圖卡與關係圖卡做配對。 5. 透過小組過程了解各行各業，說出現在的職業與將來的職業。 6. 發下「關係配對連連看學習單」（例如：警察－警車）。	1. 能參與討論。 2. 能在發表中說出自己爸媽的工作名稱及工作內容。 3. 能說出圖卡人物的職業名稱。 4. 能說出圖卡人物的工作內容。 5. 能依排出的圖卡找出自己爸媽的工作。 6. 能做各行各業職業圖卡與關係圖卡配對。 7. 能說出自己目前的工作。（學生） 8. 能說出老師的工作。（教書） 9. 能說出自己將來想從事的工作。				

評量結果：4代表達成該項目標75%以上，3代表達成該項目標50%～75%，2代表達成該項目標25%～50%，1代表未達成該項目標25%。

學習目標：共9項，通過項目（指評量較好或很好）共＿＿＿項。

針對特殊幼兒所做的調整：能說出爸爸和媽媽的工作。

延伸活動：邀請幼兒父母來學校介紹自己的工作。

關係配對連連看學習單

請依照職業類別，將相關的配對連在一起，例如：警察－警車。

二、科學領域活動

　　此部分的活動是為了檢核及增進幼兒科學能力所設計的課程，內容以幼兒所居住的環境與世界為中心，其中有些活動非常的生活化，有些活動則具有高度的挑戰性和趣味性。

　　此部分的每項活動都劃分為四個技巧，每個技巧對科學能力的發展都非常的重要，這樣的劃分有利於教師在活動進行時檢核幼兒的表現。有些幼兒在這些技巧的某些方面，會有很出色的表現，但是從另一方面來說，也有些幼兒會在某些技巧上感到吃力或是缺乏興趣，而需要額外的幫助或鼓勵。

　　在科學領域開頭的三項活動進行後，教師會很清楚幼兒較強或較弱的技巧是在哪一方面，根據這些結果，可以修改其餘的活動以及日常的生活教學，以提供該幼兒最適合的科學能力訓練。

　　科學能力四個技巧的劃分方式如下：

1. 觀察：能看出及說出物品或事件的屬性及其間的異同或變化。
2. 解決問題：能藉著觀察，運用不同的策略（例如：刪除、對照和比較的方式）提出問題、回答問題、找出答案。
3. 組織：能配對、分類、組合及依序排列物品或事件。
4. 記憶：能回憶與科學有關的資訊，對於新的資訊具有強烈的求知慾和記憶能力。

科學的學習經驗以科學及主動學習為主，主動學習的細目如下：

1. 能經由感官主動探索，認識各種物品的材料的功能及特性，並正確操作（主動學習 2）。
2. 藉由操作了解物體之間的關係（主動學習 3）。
3. 操作、轉換及組合材料（主動學習 5）。

學習經驗：主動學習、科學。

材料：生雞蛋、煮熟的蛋、完整的空蛋殼、醋、杯、湯匙。

教學內容	學習目標	評量結果			
		不會 1	尚可 2	較好 3	很好 4
1. 老師請幼兒透過感官來觀察比較生雞蛋、熟雞蛋和空蛋殼的不同（生雞蛋容易滾動，熟雞蛋較重所以不易動，空蛋殼較輕）。 2. 老師拿出醋，並說明醋的功用及注意之處。 3. 請幼兒自行將三種雞蛋打開，取少許的醋放入蛋中，觀察不同的蛋放入其中的變化與產生結果，請幼兒觀察比較後說出異同。	1. 能透過感官的觀察比較生雞蛋、熟雞蛋、空蛋殼後，說出哪種較輕。 2. 能在觀察比較後說出生雞蛋是液體狀，較易滾動。 3. 能在觀察比較後說出熟雞蛋比較重。 4. 能用鼻子聞醋。 5. 能說出一種醋的功用。 6. 能自行操作三種不同的蛋，將醋放入其中。 7. 能說出蛋在醋中的變化。（會產生氣泡，最後蛋殼消失）				

評量結果：4 代表達成該項目標 75%以上，3 代表達成該項目標 50%～75%，2 代表達成該項目標 25%～50%，1 代表未達成該項目標 25%。

學習目標：共 7 項，通過項目（指評量較好或很好）共＿＿項。

針對特殊幼兒所做的調整：能說出雞蛋。

延伸活動：「神奇的醋酸」（請見下一個活動）。

學習經驗：主動學習、說、科學。

材料：生雞蛋、熟雞蛋、蛋殼、杯子、醋酸。

教學內容	學習目標	評量結果			
		不會 1	尚可 2	較好 3	很好 4
1. 請幼兒操作，直接把生雞蛋、熟雞蛋、空雞蛋（只有蛋殼）各用一個杯子裝入。 2. 倒入醋酸，讓醋酸蓋滿蛋。 3. 請幼兒觀察蛋在醋中的形狀是否變大，以及在醋中浮起的情形。 4. 最後請幼兒觀察蛋的結果。	1. 能將三種不同的雞蛋放入不同的杯子。 2. 能在杯子中倒入醋酸，讓醋酸蓋滿蛋。 3. 能在觀察後說出蛋在醋酸中的形狀變大了。 4. 能說出生雞蛋、熟雞蛋、空雞蛋浮起來的情形。（空雞蛋會浮起來、熟雞蛋會沉下去、生雞蛋會浮起來一點） 5. 能說出最後看到的蛋之結果： 　⑴空雞蛋：蛋殼消失了，完全腐蝕溶解。 　⑵熟雞蛋：蛋殼沒了，只剩下熟蛋。 　⑶生雞蛋：蛋殼只剩下一半。				

評量結果：4 代表達成該項目標 75%以上，3 代表達成該項目標 50%～75%，
2 代表達成該項目標 25%～50%，1 代表未達成該項目標 25%。

學習目標：共 5 項，通過項目（指評量較好或很好）共＿＿＿項。

針對特殊幼兒所做的調整：能分辨三種雞蛋。

延伸活動：「酸與鹼」（請見下一個活動）。

學習經驗：主動學習、聽及理解、說、經驗及表達想法、社會學習、科學。

材料：燒杯、紙杯、紫甘藍菜汁、白醋、蘇打粉水、白開水、滴管。

教學內容	學習目標	評量結果			
		不會 1	尚可 2	較好 3	很好 4
1. 老師簡略說明各類食物有酸鹼性以引起動機。 2. 展示紫甘藍菜，將它切成碎片，搗成汁。 3. 將白醋、蘇打粉水及白開水依序準備好。 4. 讓幼兒用滴管將已搗碎的紫甘藍葉汁依序分別滴入白醋、蘇打粉水及白開水瓶內，觀察顏色變化。 5. 讓幼兒逐一操作實驗。 6. 讓幼兒逐一發表實驗結果。	1. 能對活動感到興趣。 2. 能說出材料的名稱。 3. 能說出紫甘藍葉汁的顏色。 4. 會操作滴管。 5. 能將滴管滴入。 6. 能觀察實驗。 7. 能逐一操作實驗。 8. 能說出實驗前後試管內的顏色變化。				

評量結果：4 代表達成該項目標 75%以上，3 代表達成該項目標 50%～75%，
　　　　　　2 代表達成該項目標 25%～50%，1 代表未達成該項目標 25%。

學習目標：共 8 項，通過項目（指評量較好或很好）共＿＿項。

針對特殊幼兒所做的調整：能說出紫甘藍菜汁的顏色。

延伸活動：1. 將實驗前後拍成相片讓幼兒說出為何顏色會改變。
　　　　　　2. 認識酸及鹼的食物。

學習經驗：主動學習、聽及理解、說、經驗及表達想法、科學。

材料：放大鏡、布丁盒、各類豆子、紀錄卡。

教學內容	學習目標	評量結果			
		不會 1	尚可 2	較好 3	很好 4
1. 老師說明豆類的成長，請幼兒複述豆類的成長過程。 2. 展示豆類，請幼兒依顏色分類，利用放大鏡觀察各類豆子及芽眼地方（教師解釋說明）。 3. 請幼兒種植豆類，發下紀錄卡，日後觀察記錄豆子的生長情形。	1. 能將豆子分類（依顏色、大小）。 2. 能說出各式豆類名稱。 3. 能說出一種豆類製品。 4. 能觀察故事圖卡。 5. 能利用放大鏡觀察豆類。 6. 能指出芽眼地方。 7. 能利用空盒種植豆類。				

評量結果：4 代表達成該項目標 75%以上，3 代表達成該項目標 50%～75%，2 代表達成該項目標 25%～50%，1 代表未達成該項目標 25%。

學習目標：共 7 項，通過項目（指評量較好或很好）共＿＿項。

針對特殊幼兒所做的調整：能說出豆子名稱。

延伸活動：「植物怎麼長大的」（請見下一個活動）。

植物怎麼長大的

學習經驗：分類、時間、聽及理解、說、經驗及表達想法、社會學習、科學。

材料：已栽種之綠豆及紅豆、膠帶、塑膠袋（透明）、黑色色紙、橡皮筋、貼紙、筆、圖畫書。

教學內容	學習目標	評量結果			
		不會 1	尚可 2	較好 3	很好 4
1. 老師先用故事引導並讓幼兒回憶前兩週如何種植紅豆及綠豆。 2. 觀察前次所種之植物，請幼兒討論哪些豆子已發芽？哪些豆子已長大？有幾片葉子？比較誰的植物較高？為什麼有些豆子沒發芽且發霉？ 3. 和幼兒討論要讓植物長大，它們需要什麼？我們要如何照顧它們？ 4. 讓幼兒實驗如果少了下列其中一種會有什麼不同？ 　(1)不給陽光（用黑色色紙包住）。 　(2)不給空氣（用塑膠袋密封）。 　(3)不給水分。 　(4)給予陽光、空氣、水分。	1. 能回憶並說出種豆的方法。 2. 能仔細觀察並說出： 　(1)綠豆已發芽且長高了。 　(2)紅豆已發芽且長高了。 　(3)能說出植物上的葉子數目。 　(4)能比較誰的植物長得較高。 　(5)能說出豆子發霉的原因。 3. 能說出植物長大的必備條件為水分、陽光及空氣。 4. 能預測並說出各項實驗結果。				

評量結果：4 代表達成該項目標 75%以上，3 代表達成該項目標 50%～75%，2 代表達成該項目標 25%～50%，1 代表未達成該項目標 25%。

學習目標：共 4 項，通過項目（指評量較好或很好）共＿＿項。

針對特殊幼兒所做的調整：說出豆子的名稱，會照顧豆子。

延伸活動：讓幼兒們預測 3 至 5 天後的情形，再觀察是否和預測的一樣。

學習經驗：主動學習、經驗及表達想法、科學。

材料：洗衣粉、沙拉脫、沙拉油、紙杯、水、吸管。

教學內容	學習目標	評量結果			
		不會 1	尚可 2	較好 3	很好 4
1. 請幼兒觀察材料，透過觀察說出材料名稱。 2. 請幼兒說出這些材料在日常生活中的功用。 3. 再請幼兒實際操作（老師指導協助）： (1)拿紙杯裝滿半杯水，用吸管吹吹看？ (2)將水加洗衣粉調勻，吹吹看？ (3)請幼兒再加一些沙拉脫吹吹看。 (4)再請幼兒加一些沙拉油吹吹看。 4. 讓幼兒觀察吹泡泡的情形。 5. 讓幼兒觀察哪一種材料吹的泡泡最多。	1. 能在觀察後說出材料名稱。 2. 能說出材料的用途。 3. 能實際操作過程。 4. 能說出： (1)在水中吹吸管只有水聲。 (2)在水中加入洗衣粉會產生一點泡泡。 (3)在水中加入沙拉油、沙拉脫能吹出大泡泡。 5. 能在操作後說出洗衣粉＋沙拉脫＋沙拉油所吹出的泡泡最多。				

評量結果：4 代表達成該項目標 75%以上，3 代表達成該項目標 50%～75%，2 代表達成該項目標 25%～50%，1 代表未達成該項目標 25%。

學習目標：共 5 項，通過項目（指評量較好或很好）共＿＿＿項。

針對特殊幼兒所做的調整：能用吸管吹泡泡。

延伸活動：比較外面買的及自己做的泡泡水之差別。

筷子斷了嗎

學習經驗：主動學習、科學。

材料：兩個全透明玻璃杯、一個不透明的杯子、竹筷、水、鉛筆。

教學內容	學習目標	評量結果			
		不會 1	尚可 2	較好 3	很好 4
1. 老師先準備兩個全透明玻璃杯及一個不透明的杯子。 2. 在兩個杯子中加水約五分之三。 3. 把筷子直放在兩個杯子後，請幼兒觀察比較。 4. 將筷子換成鉛筆，再做一次實驗。 5. 讓幼兒實際操作，並說出結果。	1. 能仔細觀察並說出兩個杯子的外觀有何不同。 2. 能說出筷子在水中的部分會放大。 3. 能說出不透明杯子的部分會呈現的現象。 4. 能說出斜放在水中的筷子，好像從水面折斷了。 5. 能發現水面上的部分不變，水中的部分變粗且曲折了。 6. 能將筷子換成鉛筆再做一次實驗。 7. 能說出鉛筆放在水中的結果。				

評量結果：4 代表達成該項目標 75%以上，3 代表達成該項目標 50%～75%，
　　　　　　2 代表達成該項目標 25%～50%，1 代表未達成該項目標 25%。

學習目標：共 7 項，通過項目（指評量較好或很好）共　　　項。

針對特殊幼兒所做的調整：能將筷子放在杯子中。

延伸活動：介紹相關的書籍，以驗證實驗的結果。

空氣的實驗

學習經驗：科學。

材料：塑膠袋、吸管、杯子、水、蠟燭、打火機、氣球、打氣筒。

教學內容	學習目標	評量結果			
		不會 1	尚可 2	較好 3	很好 4
1. 先引導幼兒用手摸四周，體驗空氣的存在，再用塑膠袋裝空氣，讓空氣入袋內，讓幼兒拍拍塑膠袋鼓起的部分，是因為空氣在裡面的緣故，並觀察空氣是無味無色的。 2. 讓幼兒在塑膠袋口插入吸管，準備一個已有半杯水的杯子，再擠壓塑膠袋內的空氣於杯子內，觀察空氣進入水中會產生氣泡。 3. 將蠟燭點燃，讓幼兒仔細觀察蠟燭在開放空間的燃燒及蓋上透明杯子後馬上熄滅（讓幼兒用杯子蓋住蠟燭，讓蠟燭熄滅）。 4. 讓幼兒觀察蠟燭燃燒需要空氣。 5. 用打氣筒將氣球灌滿氣體，讓幼兒知道氣球內因有空氣使其脹大。	1. 能用塑膠袋裝空氣入袋內。 2. 能說出塑膠袋鼓起的原因。 3. 能用眼睛觀察空氣的顏色。 4. 能將塑膠袋口插入吸管，並擠壓塑膠袋內的空氣於杯子內。 5. 能說出空氣進入水中會有氣泡產生。 6. 能仔細觀察蠟燭在開放空間及蓋上杯子後的燃燒有何不同。 7. 能自己用杯子將蠟燭熄滅。 8. 知道蠟燭燃燒需要空氣。 9. 能使用打氣筒將氣球灌滿氣體。 10. 知道氣球內因有空氣使其脹大。				

評量結果：4 代表達成該項目標 75% 以上，3 代表達成該項目標 50%～75%，2 代表達成該項目標 25%～50%，1 代表未達成該項目標 25%。

學習目標：共 10 項，通過項目（指評量較好或很好）共＿＿＿項。

針對特殊幼兒所做的調整：能將塑膠袋裝空氣。

延伸活動：「蠟燭與空氣」（請見下一個活動）。

蠟燭與空氣

學習經驗：空間、主動學習、聽及理解、說、經驗及表達想法、科學。

材料：燒杯、蠟燭、火柴。

教學內容	學習目標	評量結果			
		不會 1	尚可 2	較好 3	很好 4
1. 老師同時點燃兩根蠟燭，請幼兒觀察火焰的燃燒情形。 2. 利用燒杯在同一時段內將一根蠟燭（燃燒中）蓋住，隔絕空氣。 3. 再請幼兒觀察，用杯子蓋住與不蓋時，蠟燭的燃燒情形。 4. 比較蠟燭實驗前後的火焰有何不同。 5. 請幼兒分享還有什麼方法可以將火熄滅？並說出空氣與生活的關係。	1. 能聆聽老師說明。 2. 能觀察火焰燃燒的情形。 3. 能注意安全。 4. 能將燒杯蓋住燃燒的蠟燭。 5. 能觀察蓋住燒杯時的火焰燃燒情形。 6. 能比較實驗說出前後不同： 　(1)蓋杯→火熄滅。 　(2)不蓋杯→火燃燒。 7. 能說出還有什麼方式可熄滅火： 　(1)吹掉。 　(2)澆水（灑水）。 8. 能說出空氣與生活的關係： 　(1)沒有空氣→蠟燭熄滅。 　(2)生活需要有空氣（呼吸）。				

評量結果：4 代表達成該項目標 75%以上，3 代表達成該項目標 50%～75%，2 代表達成該項目標 25%～50%，1 代表未達成該項目標 25%。

學習目標：共 8 項，通過項目（指評量較好或很好）共＿＿＿項。

針對特殊幼兒所做的調整：能說出蠟燭。

延伸活動：「飛揚的紙片」（請見下一個活動）。

飛揚的紙片

學習經驗：主動學習、科學。

材料：報紙、衛生紙、吸管、塑膠尺、厚紙板。

教學內容	學習目標	評量結果			
		不會 1	尚可 2	較好 3	很好 4
1. 老師呈現報紙，並將報紙用手撕成碎片，問幼兒要如何才會讓紙片飛起來。用手拿厚紙板搧，讓紙片飛揚，再用口吹吸管讓紙片飛揚。 2. 最後取出塑膠尺用力在衣服上磨擦，使其產生靜電吸起紙片。 3. 問幼兒：「為什麼紙片會飛這麼遠？」之後告訴幼兒這是因為空氣快速流動衝出的力量而使紙片飛揚。 4. 最後讓幼兒比賽吹紙片，看誰的紙片飛得最遠。	1. 會安靜觀察老師所做的實驗。 2. 能說出材料名稱。 3. 會主動要求要做實驗。 4. 能依指示將報紙撕成小碎片。 5. 能安靜傾聽老師的解說。 6. 能用手拿厚紙板搧碎紙片。 7. 能用吸管吹氣，讓紙片飛揚。 8. 能用塑膠尺磨擦產生靜電吸起紙片。 9. 能說出因為空氣之流動而讓紙飛揚。 10. 說出誰的紙片飛得最遠。				

評量結果：4 代表達成該項目標 75%以上，3 代表達成該項目標 50%～75%，
2 代表達成該項目標 25%～50%，1 代表未達成該項目標 25%。

學習目標：共 10 項，通過項目（指評量較好或很好）共＿＿項，

針對特殊幼兒所做的調整：能撕碎紙片。

延伸活動：「奇妙的氣球」（請見下一個活動）。

學習經驗：主動學習、說、經驗及表達想法。

材料：氣球、打氣筒、水。

教學內容	學習目標	評量結果			
		不會 1	尚可 2	較好 3	很好 4
1. 展示兩個氣球，一個裝水，一個打氣。 2. 請幼兒說出這兩個氣球有何不同？ 3. 讓幼兒將氣球丟出去，哪一個較容易握住？為什麼？ 4. 將氣球打氣。 5. 玩氣球。	△ 能經由感官主動探索各種材料的功能及特性（主動學習 2）： 1. 能說出一個氣球裡面只有空氣，另一個氣球裡面有水。 2. 能說出一個輕，一個重。 3. 能說出一個快速下降，一個慢慢下降。 △ 藉由操作了解物體之間的關係（主動學習 3）： 4. 能說出裡面有水的汽球容易握住。 5. 能說出是因為它比較重。 △ 操作、轉換及組合材料（主動學習 5）： 6. 能在老師的協助下，將汽球打氣、綁緊、玩。				

評量結果：4 代表達成該項目標 75%以上，3 代表達成該項目標 50%～75%，
　　　　　　2 代表達成該項目標 25%～50%，1 代表未達成該項目標 25%。

學習目標：共 6 項，通過項目（指評量較好或很好）共＿＿項。

針對特殊幼兒所做的調整：拍打氣球。

延伸活動：將氣球放在教室讓幼兒欣賞。

學習經驗：分類、主動學習、科學。

材料：報紙、彩帶、風車。

教學內容	學習目標	評量結果			
		不會 1	尚可 2	較好 3	很好 4
1. 老師請幼兒在戶外揮揮手感受風的存在。 2. 用報紙引導風的存在。請幼兒將報紙平鋪在自己身上，站立時報紙會掉落，跑步時因有風的存在有阻力，報紙會因迎面風的逆向阻力而貼緊身體。 3. 給幼兒彩帶及風車去實驗風的存在及風向。	1. 能專心聽老師講解。 2. 能發現報紙平鋪自己身上站立時，報紙會掉落。 3. 能將報紙貼住自己身體跑步，感受風的存在。 4. 能發現跑步時，因為風產生阻力，報紙會貼緊身體。 5. 能自己挑選材料（彩帶、風車、報紙）實驗證明風的存在。 6. 能在操作過程中告知老師風向來源，例如：由看彩帶、風車飄何處的反方向就是風的來處。				

評量結果：4 代表達成該項目標 75%以上，3 代表達成該項目標 50%～75%，
　　　　　　2 代表達成該項目標 25%～50%，1 代表未達成該項目標 25%。

學習目標：共 6 項，通過項目（指評量較好或很好）共＿＿＿項。

針對特殊幼兒所做的調整：能說出風。

延伸活動：將風車放在教室，觀察風車轉動的情形。

風的實驗：氣球袋

學習經驗：主動學習、說、科學。

材料：大塑膠袋、小塑膠袋、橡皮筋、細油性筆。

教學內容	學習目標	評量結果			
		不會 1	尚可 2	較好 3	很好 4
1. 先讓幼兒用手以自己的鼻子及嘴巴吹出風來。 2. 發給每個幼兒一個大塑膠袋，讓幼兒將袋子裝滿空氣，用手將袋子抓成球狀，並用牙籤戳一小孔，請幼兒用臉頰去感覺小孔中有風流出，讓幼兒觀察裝滿空氣的袋子被戳洞後袋子的改變。 3. 再給每個幼兒一個小塑膠袋，裝好空氣後用橡皮筋綁好變成一個小氣球，讓幼兒在氣球上畫圖案，玩的時候可向上拍氣球，使之不掉落地面。	1. 能用鼻子或嘴巴吹出風。 2. 能將大塑膠袋裝滿空氣。 3. 能說出裝滿空氣的袋子被戳洞後，空氣流出，袋子會變扁。 4. 能將小塑膠袋開口處用橡皮筋綁好。 5. 會在氣球袋上畫圖案。 6. 能將氣球袋往上拍，不落地。				

評量結果：4 代表達成該項目標 75%以上，3 代表達成該項目標 50%～75%，
2 代表達成該項目標 25%～50%，1 代表未達成該項目標 25%。

學習目標：共 6 項，通過項目（指評量較好或很好）共 ＿＿＿ 項。

針對特殊幼兒所做的調整：拍氣球。

延伸活動：將紙風車展示在窗邊。

學習經驗：主動學習、說、科學。

材料：繪本《風從哪裡來》（閣林）、紙張、吸管、棉花棒、紙風車。

教學內容	學習目標	評量結果			
		不會 1	尚可 2	較好 3	很好 4
1. 用繪本《風從哪裡來》介紹風的存在：呼！好熱啊！外面的天氣熱到讓人汗流浹背。回到家裡，冷氣機吹出陣陣的涼風，真是太舒服了。可是，冷氣機是如何產生涼爽的風呢？ 2. 先讓幼兒用手感覺自己的鼻子、嘴巴可以吹出風來。 3. 老師問幼兒：「風在哪裡？」 4. 老師展示製作好的迷你紙風車。 5. 介紹迷你紙風車並讓幼兒吹吹看。 6. 開始製作紙風車： 　(1)發下如下頁圖的紙張讓幼兒簡單著色。 　(2)幼兒依照紙上的線，將紙折好。 　(3)發下棉花棒，插入紙風車的中間。 7. 請幼兒吹自己的紙風車，觀察是否會轉動。 8. 老師問幼兒：「為什麼風車會轉動？」。 9 請幼兒比賽看誰的風車轉動最快。	1. 能聆聽老師說故事。 2. 能用鼻子或嘴巴吹出風。 3. 能指認或是說出風車的名稱。 4. 能對風車吹氣，使其轉動。 5. 能在風車上著色。 6. 能依照線將紙折好。 7. 能將棉花棒插入紙的中間。 8. 能吹動自己的風車。 9. 能知道風車因為風而轉動。				

評量結果：4 代表達成該項目標 75%以上，3 代表達成該項目標 50%～75%，
2 代表達成該項目標 25%～50%，1 代表未達成該項目標 25%。

學習目標：共 9 項，通過項目（指評量較好或很好）共＿＿項。

針對特殊幼兒所做的調整：吹紙風車。

延伸活動：拍氣球遊戲。

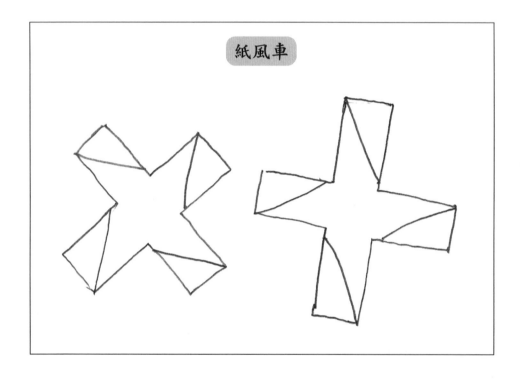

紙風車

學習經驗：主動學習、聽及理解、說、閱讀、科學。

材料：磁鐵（圓形、長型、大馬蹄、小馬蹄）、鐵板紙、迴紋針、「好玩的
　　　磁鐵」（兒歌）

教學內容	學習目標	評量結果			
		不會 1	尚可 2	較好 3	很好 4
1. 老師以「好玩的磁鐵」兒歌帶動，藉兒歌讓幼兒對磁鐵產生興趣。 2. 講解磁鐵能吸鐵的物品，讓幼兒實際操作哪些物品可以和磁鐵相吸，哪些不能，並讓幼兒回答。	1. 能跟著唱兒歌。 2. 會主動要求要取磁鐵做遊戲。 3. 會將磁鐵與鐵板、迴紋針結合遊戲：在鐵板上吸迴紋針。				

評量結果：4 代表達成該項目標 75%以上，3 代表達成該項目標 50%～75%，
　　　　　　2 代表達成該項目標 25%～50%，1 代表未達成該項目標 25%。

學習目標：共 3 項，通過項目（指評量較好或很好）共＿＿＿項。

針對特殊幼兒所做的調整：能使用磁鐵。

延伸活動：「奇妙的磁鐵（一）」（請見下一個活動）。

奇妙的磁鐵（一）

學習經驗：主動學習、科學。

材料：紙、迴紋針、鈴鐺、髮夾、磁鐵。

教學內容	學習目標	評量結果			
		不會 1	尚可 2	較好 3	很好 4
1. 展示材料。 2. 請幼兒試著用磁鐵吸磁鐵，接著再用磁鐵吸老師所準備的材料。將可吸起的放在紅色盒子、不可吸起的放在藍色盒子，並說出磁鐵能吸起及不能吸起的物品名稱。 3. 讓幼兒歸納吸得起的都是哪種製品。 4. 讓幼兒隔著紙片用磁鐵吸迴紋針。 5. 讓幼兒用磁鐵隔著紙片吸鐵製品。 6. 再讓幼兒試著去吸教室中的所有物品，並指出可吸的東西。	1. 能說出材料名稱。 2. 能用磁鐵吸材料。 3. 能將磁鐵吸的起來的物品放在紅色盒子。 4. 能將磁鐵不可吸的起來之物品放在藍色盒子。 5. 能說出哪些物品是磁鐵吸的起來。 6. 能說出哪些物品是磁鐵不能吸的起來。 7. 能觀察吸的起來的都是鐵製品。 8. 能隔著紙片用磁鐵吸迴紋針。 9. 能隔著紙片用磁鐵吸鐵製品。 10. 能自己嘗試找出教室中可用磁鐵吸的東西。				

評量結果：4 代表達成該項目標 75%以上，3 代表達成該項目標 50%～75%，2 代表達成該項目標 25%～50%，1 代表未達成該項目標 25%。

學習目標：共 10 項，通過項目（指評量較好或很好）共＿＿＿項。

針對特殊幼兒所做的調整：能使用磁鐵吸物品。

延伸活動：「奇妙的磁鐵（二）」（請見下一個活動）。

奇妙的磁鐵（二）

學習經驗：主動學習、科學。

材料：U 型磁鐵、大頭針、串珠、夾子、積木、鈴鐺、鈕扣、迴紋針、接龍方塊、紙板。

教學內容	學習目標	評量結果			
		不會 1	尚可 2	較好 3	很好 4
1. 展示物品。 2. 讓幼兒使用 U 型磁鐵吸吸看，將可吸起與不可吸起的物品分兩邊。 3. 讓幼兒發現哪些物品可被磁鐵吸住，哪些不可，並說出原因。	1. 能用兩塊 U 型磁鐵操作相吸與相斥。 2. 能用 U 型磁鐵吸大頭針。 3. 能知道不靠近 U 型磁鐵也能被吸住。（在一定距離） 4. 能用磁鐵吸吸看老師所準備的物品。 5. 能將磁鐵吸的住與吸不住的物品分兩類。 6. 能說出吸住的原因是鐵做的。 7. 能說出吸不住的原因是木頭做的、塑膠做的、紙做的。				

評量結果：4 代表達成該項目標 75%以上，3 代表達成該項目標 50%～75%，2 代表達成該項目標 25%～50%，1 代表未達成該項目標 25%。

學習目標：共 7 項，通過項目（指評量較好或很好）共＿＿項。

針對特殊幼兒所做的調整：能使用磁鐵吸物品。

延伸活動：使用磁鐵吸物品。

學習經驗：主動學習、聽及理解、科學。

材料：皺紋紙、色紙、衛生紙、玻璃紙、棉紙、透明杯、顏料、水、免洗筷。

教學內容	學習目標	評量結果			
		不會 1	尚可 2	較好 3	很好 4
1. 探索遊戲：讓幼兒經由感官及親身體驗，探索每一種材料，並說出材料名稱。 2. 分類遊戲：讓幼兒運用觸覺： ⑴依不同材質分類：皺紋紙、色紙、衛生紙、玻璃紙、棉紙。 ⑵依顏色分類：有顏色為皺紋紙、色紙、玻璃紙；無顏色為衛生紙、棉紙。 3. 實驗遊戲：讓幼兒自己將材料放入透明杯中攪拌。 4. 觀察遊戲：觀察顏色變化。	1. 能主動探索材料。 2. 能說出材料名稱：皺紋紙、色紙、衛生紙、玻璃紙、棉紙。 3. 能依材質分類。 4. 能依顏色分類。 5. 能主動選擇材料做實驗 6. 能將選好的材料放入透明杯中攪拌。 7. 能說出經攪拌後的水中變化（有無顏色擴散）。 8. 觀察後能說出哪一杯水中有顏色的變化。 9. 能說出顏色變化，是因為水讓顏色擴散。				

評量結果：4 代表達成該項目標 75%以上，3 代表達成該項目標 50%～75%，2 代表達成該項目標 25%～50%，1 代表未達成該項目標 25%。

學習目標：共 9 項，通過項目（指評量較好或很好）共＿＿項。

針對特殊幼兒所做的調整：能探索材料。

延伸活動：將材料放至科學角讓幼兒探索。

三、數學領域活動

　　此部分的活動是為了檢核及增進幼兒數學能力所設計的課程，對於在數字、數量和形狀的了解和運算上具有特別天賦的幼兒來說，這些都是相當具有挑戰性和趣味性的活動。

　　此部分的每項活動都劃分為四個技巧，每個技巧對數學能力的發展都非常的重要，這樣的劃分有利於教師在活動進行時檢核幼兒的表現。有些幼兒在這些技巧的某些方面，會有很出色的表現，但是從另一方面來說，也有些幼兒會在某些技巧上感到吃力或是缺乏興趣，而需要額外的幫助或鼓勵。

　　在數學領域開頭的三項活動進行後，教師會很清楚幼兒較強或較弱的技巧是在哪一方面，根據這些結果，可以修改其餘的活動以及日常的生活教學，以提供該幼兒最適合的數學能力訓練。

　　數學能力四個技巧的劃分方式如下：

1. 認識數字：能有意義的運用數字，了解口述或文字符號所描述的數量和形狀，具有基本的算術能力。
2. 了解關聯性：能辨認並複製不同模式，能藉著比較、分類和排列順序而了解幼兒是否有數字概念、是否具備抽象和具體運算的能力。
3. 抽象概念：能分辨和了解問題中所隱含的概念。
4. 運用數學：能運用已知的方法去解決新的問題，遇到新的狀況時，知道該運用何種概念去解決。

　　藉著培養幼兒這四種技巧，就能幫助幼兒加強其數學方面的能力。具有數學能力的幼兒，能經由邏輯和逐步漸進的方式學習去解決問題，而成為一個有效率的問題解決者。以下的活動能讓幼兒了解，如何將數學技巧運用在每天的生活中，以及明白數學技巧是可以很實際地多方運用。

數一數動物的腳

學習經驗：數、分類、主動學習、說。

材料：動物圖卡、動物模型。

教學內容	學習目標	評量結果			
		不會 1	尚可 2	較好 3	很好 4
透過身體器官（眼、耳、手等）引導出偶數 2 的概念，接著利用動物圖卡，將家禽（2 隻腳）和家畜（4 隻腳）分類，引導出偶數 2 的概念，繼而利用動物模型，建造一個動物園，讓幼兒說出動物的身體有哪些部位是成雙？強化偶數 2、4 概念。最後，要求幼兒主動去拿模型，但手中拿到的動物之數必須是偶數，讓幼兒推理出 4 以上的偶數！	1. 能做 1 至 4 的數數。 2. 能將家禽和家畜分類。 3. 能說出 2 和 4 是偶數。 4. 能用動物模型，建造一個動物園。 5. 能說出動物的身體部位哪些是偶數。 6. 能讓手中所擁有的動物之數是偶數。				

評量結果：4 代表達成該項目標 75%以上，3 代表達成該項目標 50%～75%，
2 代表達成該項目標 25%～50%，1 代表未達成該項目標 25%。

學習目標：共 6 項，通過項目（指評量較好或很好）共＿＿項。

針對特殊幼兒所做的調整：不需知道偶數，只需知道誰的腳較多。

延伸活動：「幾個一數」（請見下一個活動）。

學習經驗：數。

材料：Asco 算盤組、數字方塊、數字板、數字卡。

教學內容	學習目標	評量結果			
		不會 1	尚可 2	較好 3	很好 4
1. 老師請幼兒找朋友手牽手排隊，問問幼兒他們是否有好朋友可牽手？（偶數） 2. 老師再請 1 位、3 位、5 位幼兒牽手，最後看看是否有幼兒沒人牽？（奇數） 3. 老師發號奇數或偶數，幼兒能推代表站出人數。 4. 老師再將數字方塊以 5 個一排並讓幼兒放上數字卡，幼兒區分 5、10 方塊中不同顏色 □□□□□紅 1 2 3 4 5 □□□□□黃 6 7 8 9 10 □□□□□紅 11 12 13 14 15 □□□□□黃 16 17 18 19 20	1. 能和其他幼兒玩牽手遊戲。 2. 能說出是否有好朋友可牽手，有沒有人沒人可牽手。 3. 能數出站出來有幾位幼兒。 4. 能說出站出來的人代表奇數或偶數。 5. 能按奇數或偶數站出來。 6. 能放上正確的數字卡。 7. 能說出數字方塊的顏色。 8. 能指出老師排列數量中 5 的倍數位置及顏色。 9. 能說出一共有幾個方塊。 10. 能指出哪些是奇數或偶數。				

評量結果：4 代表達成該項目標 75%以上，3 代表達成該項目標 50%～75%，
2 代表達成該項目標 25%～50%，1 代表未達成該項目標 25%。

學習目標：共 10 項，通過項目（指評量較好或很好）共＿＿項。

針對特殊幼兒所做的調整：能手牽手。

延伸活動：「猜一猜」（請見下一個活動）。

學習經驗：數、分類、主動學習、說。

材料：瓶蓋、彈珠、糖果、鈕扣、袋子數個。

教學內容	學習目標	評量結果			
		不會 1	尚可 2	較好 3	很好 4
1. 引起幼兒的好奇，先將數種東西（瓶蓋、彈珠、鈕扣、糖果）放進袋子裡，讓幼兒猜一猜袋內有何物品，以提高學習興趣。 2. 讓一個幼兒將手伸進袋內抓一把，用手去感覺、去猜測物品，並預測有幾個。 3. 讓幼兒將物品放在桌子上一個一個數。 4. 讓幼兒發現一個一個數很慢，問是否有其他的方法可以比較少的時間就算出來。 5. 將準備好的物品放到袋子裡，讓幼兒猜測物品名稱並預測數量。 6. 最後一袋是糖果，讓幼兒數出糖果數量及說出是奇數還是偶數。 7. 將糖果分給幼兒，以獎勵他們的參與。	1. 能用手抓起物品。 2. 能用手感覺物品的名稱。 3. 能預測物品數量。 4. 能數數 1 至 20。 5. 能用不同的方法數數，例如：能用 2 個一數（2、4、6、8、10……）。 6. 能用不同的方法數數，例如：能用 5 個一數（5、10、15、20……）。 7. 能猜物品名稱並預測數量。 8. 能說出糖果的數量。 9. 能 2 個一數，並說出是偶數還是奇數。				

評量結果：4 代表達成該項目標 75%以上，3 代表達成該項目標 50%～75%，2 代表達成該項目標 25%～50%，1 代表未達成該項目標 25%。

學習目標：共 9 項，通過項目（指評量較好或很好）共＿＿項。

針對特殊幼兒所做的調整：不會數數 1 至 20 的特殊幼兒，先從較簡單的 1 至 10 或 1 至 5 開始。

延伸活動：數點心時間用的碗盤是奇數還是偶數。

接龍遊戲

學習經驗：數、分類、空間、聽及理解、說。

材料：撲克牌幾副。

教學內容	學習目標	評量結果			
		不會 1	尚可 2	較好 3	很好 4
1. 分一分： 　(1)老師先將一副撲克牌平均 　　分給幼兒。 　(2)請幼兒觀察每張牌的形 　　狀、顏色及點數。 　(3)讓幼兒依不同的分類標準 　　將撲克牌分類（例如：形 　　狀）。 2. 接龍遊戲： 　(1)老師先將撲克牌中「7」的 　　卡片先排出。 　(2)再請幼兒從 1 至 10 唱數。 　(3)請幼兒依前後順序排出 1 至 　　10。	1. 能說出撲克牌的形狀。 2. 能說出手中牌的顏色。 3. 能按形狀將撲克牌分類。 4. 能按顏色將撲克牌分類。 5. 能同時依兩種分類排列撲克 　牌（形狀、顏色）。 6. 能依數字 1 至 10 的順序唱出 　來。 7. 能排列撲克牌 1 至 10。				

評量結果：4 代表達成該項目標 75%以上，3 代表達成該項目標 50%～75%，
　　　　　　2 代表達成該項目標 25%～50%，1 代表未達成該項目標 25%。

學習目標：共 7 項，通過項目（指評量較好或很好）共＿＿＿項。

針對特殊幼兒所做的調整：

　　　　　　1. 給予較簡單的目標，例如：說「撲克牌」。

　　　　　　2. 指認撲克牌上的顏色和數字。

延伸活動：將撲克牌放在角落讓幼兒探索。

學習經驗：數、分類、主動學習。

材料：圓圈（呼拉圈）、數字卡、糖果。

教學內容	學習目標	評量結果			
		不會 1	尚可 2	較好 3	很好 4
1. 老師拿出四種顏色的糖果，請幼兒放在圓圈裡，並數一數每種顏色的糖果有幾顆？ 2. 發給每位幼兒 5 顆糖果。 3. 老師拿出數字卡，例如：6，請兩位幼兒，先由一位幼兒放糖果，假如放了 3 顆糖果，另一位幼兒必須在另一個圓圈湊 3 顆合起來，與老師放的數字一樣多。 　　○　　○ 　　○○＋○○＝6 4. 老師拿出數字 7，一樣請兩位幼兒拿糖果隨意放在上面兩個圓圈裡，例如：放④③，請另一位幼兒放下面的圈圈，需將 4 和 3 的量加起來④＋③＝⑦。糖果不夠時，可跟老師借，但必須說不夠幾顆？（不夠 2 顆。）	1. 能將紅、黃、藍、綠四種顏色的糖果放在不同的圓圈內（集合）。 2. 能說出每種顏色的糖果有幾顆。 3. 能在另一個圓圈放 3 顆糖果，加上另一個圓圈的 3 顆，與老師的數字一樣。 4. 能排出正確的數量組合。 5. 能跟老師借糖果。 6. 能在下面圓圈放 7 顆糖果。 7. 會收拾、整理。				

評量結果：4 代表達成該項目標 75%以上，3 代表達成該項目標 50%～75%，
　　　　　　2 代表達成該項目標 25%～50%，1 代表未達成該項目標 25%。

學習目標：共 7 項，通過項目（指評量較好或很好）共＿＿項。

針對特殊幼兒所做的調整：能指認顏色並做分類。

延伸活動：利用點心時間或其他需要分發物品的機會讓幼兒練習分東西。

數一數

學習經驗：數、分類、主動學習、經驗及表達想法。

材料：數字卡（二套）、實物照片 1 至 10、半具體數（點數）卡、中空數字海綿板（1 至 10）。

教學內容	學習目標	評量結果			
		不會 1	尚可 2	較好 3	很好 4
1. 展示實物照片並讓幼兒能跟隨老師說：1 隻小熊、2 隻大象、3 條茄子、4 個草莓、5 部小卡車、6 個人、7 個玩偶、8 個娃娃、9 顆糖果、10 隻小鳥。 2. 老師逐一出示 1 至 10 數字卡，讓幼兒跟著唸數字。 3. 老師發給每位幼兒一張實物照片，幼兒再依照片數字找到點數卡及數字卡。 4. 老師取出另一套數字卡，於桌上依序排列，再由幼兒依序數數。之後抽出其中數個數字，請幼兒依自己手中持有的數字卡放入適當之位置： 1 __ 3 __ 5 6 __ 8 __ 10 5. 請幼兒將海綿數字嵌入中空海綿板中相同數目的位置。	1. 能注意聆聽老師說明。 2. 能跟隨老師說：1 隻小熊、2 隻大象……。 3. 能看到數字卡時，說出數字 1 至 10。 4. 能將數字和半具體的點數卡配對。 5. 能將數字卡和實物照片配對。 6. 能將自己手中的數字卡放入適當的位置。 7. 能找出相同數字，放入海綿板的適當位置（精細動作）。				

評量結果：4 代表達成該項目標 75%以上，3 代表達成該項目標 50%～75%，2 代表達成該項目標 25%～50%，1 代表未達成該項目標 25%。

學習目標：共 7 項，通過項目（指評量較好或很好）共____項。

針對特殊幼兒所做的調整：

　　　1. 能注意聆聽老師說明。

　　　2. 能說出 1～10。

延伸活動：「跳房子」（請見下一個活動）。

跳房子

學習經驗： 數、分類、聽及理解、說、經驗及表達想法。

材料： 骰子 2 顆、大房子圖（上有 12 格，分別寫上數字 1 至 12）、數字 1 至 12。

教學內容	學習目標	評量結果			
		不會 1	尚可 2	較好 3	很好 4
1. 讓幼兒觀看老師所畫的大房子圖，上有 12 格，分別寫上數字 1 至 12，並要幼兒說出房子的用途。 2. 發給幼兒數字 1 至 12，老師指著或說出大房子內的數字，然後要幼兒找出指定的相同數字，拿到大房子內放好。 3. 讓幼兒同時投擲 2 顆骰子，數出點數，找到相同的數字，拿到大房子上做配對。 4. 投擲骰子後，圈出大房子上和骰子內相同的數字。 5. 結束後讓幼兒將大房子上的數字收回來給老師。	1. 能說出大房子的功用。 2. 能找出老師指定的數字。 3. 能將手中數字放在大房子內相同數字上（格子上）。 4. 雙手能同時拿 2 顆骰子投擲。 5. 能說出 2 顆骰子的數量（點數）。 6. 能依據 2 顆骰子的數量拿出相同數字。 7. 能將手上的數字放置在大房子上的相同數字上。 8. 能圈出大房子上和骰子內相同的數字。 9. 能將大房子上的數字收回來給老師。				

評量結果： 4 代表達成該項目標 75% 以上，3 代表達成該項目標 50%～75%，2 代表達成該項目標 25%～50%，1 代表未達成該項目標 25%。

學習目標： 共 9 項，通過項目（指評量較好或很好）共____項。

針對特殊幼兒所做的調整： 做簡單的數字配對、擲骰子。

延伸活動：「跳格子」（請見下一個活動）。

大房子圖

1	2	3	4
5	6	7	8
9	10	11	12

跳格子

學習經驗： 數、空間、主動學習、聽及理解、說、社會學習。

材料： 彩色積木塊、自製遊戲圖、骰子。

教學內容	學習目標	評量結果			
		不會 1	尚可 2	較好 3	很好 4
請幼兒觀察遊戲圖上的箭號「→」，並說明箭號所指的是進行的方向。每人選一個彩色積木，當做自己的棋子，輪流擲骰子，依照骰子擲出的點數跳格子，並視停留格子內所畫的圖案做出相關動作，例如：看到「拍手」可以拍拍手，看到「揮手」可以揮揮手（揮幾次由幼兒自己發揮），看到「踏腳」可以踏踏腳，看到「跳腳」可以將腳跳起來，若格子標示「進」、「退」字樣，擲骰子後須依骰子數字「進」、「退」若干步，到達終點者可獲貼紙一張。	1. 能指出箭頭指的方向。 2. 能說出所擲骰子的點數。（1至6） 3. 能依照骰子擲出的點數跳格子數。 4. 能做出與圖案相關的動作。 5. 會在平面上依骰子數字的指示前進、後退（依箭頭方向）。 6. 會輪流。 7. 會等待。				

評量結果： 4 代表達成該項目標 75% 以上，3 代表達成該項目標 50%～75%，

2 代表達成該項目標 25%～50%，1 代表未達成該項目標 25%。

學習目標： 共 7 項，通過項目（指評量較好或很好）共＿＿項。

針對特殊幼兒所做的調整：

　　　　1. 能說出擲骰子的點數（1 至 6）。

　　　　2. 能在老師指導下，依骰子點數走格子。

延伸活動：「數量配 1～10」（請見下一個活動）。

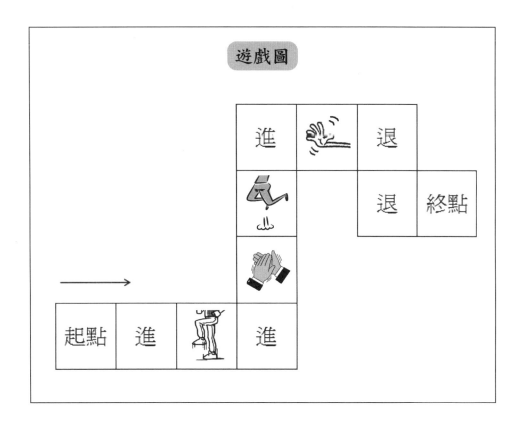

數量配 1～10

學習經驗：數、主動學習、聽及理解、說、經驗及表達想法、社會學習。

材料：數字卡 1 至 10、蔬菜水果模型 20 種、塑膠籃子。

教學內容	學習目標	評量結果			
		不會 1	尚可 2	較好 3	很好 4
1. 老師先每人發下 2 張數字卡，請幼兒說出自己手中的數字號碼，並請同組的幼兒合作，將同組幼兒手上的數字卡排出 1 至 10。 2. 依序指著唱出數字號碼。 3. 最後，老師與幼兒進行買蔬果遊戲，發給每人一個籃子，藉由遊戲過程，引導幼兒對數量配對的概念，同時，引導幼兒的觀察力（會自己選擇蔬果、顏色）。	1. 能說出自己手上的 2 張數字卡號碼。 2. 能主動觀察小組內其他幼兒的號碼。 3. 能在觀察後與小組內的其他幼兒合作將 1 至 10 順序排出，並說出數字號碼。 4. 能依自己抽的數字號碼，挑選相同量的蔬菜或水果。 5. 能說出自己的數字號碼並說出買了幾樣蔬果，有幾種顏色。 6. 能與同組同伴比較，說出誰買的最多，誰買的最少。				

評量結果：4 代表達成該項目標 75% 以上，3 代表達成該項目標 50%～75%，2 代表達成該項目標 25%～50%，1 代表未達成該項目標 25%。

學習目標：共 6 項，通過項目（指評量較好或很好）共＿＿項。

針對特殊幼兒所做的調整：完成較簡單的目標，例如：指認數字、比較數量的多與少。

延伸活動：「數序」（請見下一個活動）。

學習經驗：數、分類、空間、主動學習、聽及理解、說。

材料：2 至 3 副撲克牌。

教學內容	學習目標	評量結果			
		不會 1	尚可 2	較好 3	很好 4
1. 老師先分給每一組一副撲克牌，請幼兒觀察每張牌的形狀、顏色及點數。 2. 讓幼兒依不同的撲克牌形狀，將撲克牌分類，再將每一種形狀的撲克牌按 1 至 10 排序。 3. 讓每組幼兒輪流做小老師發牌給同組的其他幼兒。 4. 讓幼兒將自己手中的撲克牌依形狀及數目順序排列。 5. 給幼兒 5 分鐘看一下自己手中的牌，記住手中牌的數字，然後請幼兒將拿到的撲克牌先蓋起來，老師說：請翻開 1 或 2 至 10，一次說一個數字，而將牌翻開來，正確的牌翻開愈多就是優勝。	1. 能依撲克牌形狀♣♥♦♠做分類遊戲。 2. 能依撲克牌♣1～♣10、♥1～♥10、♦1～♦10、♠1～♠10 排順序。 3. 能輪流做小老師發牌給其他幼兒。 4. 能將自己手中的牌依照形狀及數目順序排列。 5. 能將蓋起來的撲克牌，聽指令翻開來。 6. 能說出正確的翻牌次數。				

評量結果：4 代表達成該項目標 75%以上，3 代表達成該項目標 50%～75%，
　　　　　　2 代表達成該項目標 25%～50%，1 代表未達成該項目標 25%。

學習目標：共 6 項，通過項目（指評量較好或很好）共＿＿＿項。

針對特殊幼兒所做的調整：如無法做 1 至 10 排序，就做 1 至 5 排序即可。

延伸活動：「數字接龍」（請見下一個活動）。

數字接龍

學習經驗：數、主動學習、聽及理解、說。

材料：撲克牌、立體小方塊、數字卡。

教學內容	學習目標	評量結果			
		不會 1	尚可 2	較好 3	很好 4
1. 讓幼兒抽 1 至 10 數字卡，按 1 至 10 的順序排列數字卡，並在數字下放置等量的立體小方塊。 2. 玩撲克牌遊戲：讓幼兒輪流發牌，發給每個幼兒 10 張牌。 3. 玩撲克牌 1 至 10 接龍遊戲：若有人出牌 1，下一個幼兒就要出牌 2。 4. 接著玩 2 人或 3 人比大小的遊戲： 　(1) 2 人一組。 　(2) 2 人翻牌比大小。 　(3)老師出牌，3 人比比看誰的牌比較大。	1. 能排數字 1 至 10。 2. 能依數字，排列相同的量 1-1，2-2，3-3，4-4，……，10-10。 3. 能依數字大小，放置等量的立體小方塊，例如： 　1 ○ 　2 ○○ 　（2 比 1 大，2 的圓比較多） 4. 能輪流發牌。 5. 玩撲克牌 1 至 10 接龍遊戲。 6. 能翻牌比大小。 7. 能與老師玩比大小的遊戲。 8. 能說出誰的牌最大。				

評量結果：4 代表達成該項目標 75%以上，3 代表達成該項目標 50%～75%，2 代表達成該項目標 25%～50%，1 代表未達成該項目標 25%。

學習目標：共 8 項，通過項目（指評量較好或很好）共＿＿＿項。

針對特殊幼兒所做的調整：能指認數字。

延伸活動：玩撲克牌。

彈珠的遊戲

學習經驗：數、主動學習、聽及理解、說。

材料：大小彈珠、大碗及小碗、寫上大及小之卡片、湯匙。

教學內容	學習目標	評量結果 不會 1	尚可 2	較好 3	很好 4
準備大小彈珠，讓幼兒用湯匙將彈珠一次1粒或2粒，將大的彈珠放入大碗，小的彈珠放入小碗，呈現大及小字卡，最後讓幼兒數一數碗內的彈珠。	1. 能聆聽老師的說明。 2. 能指認大、小。 3. 能用湯匙一次1粒或2粒，將大的彈珠放入大碗，小的彈珠放入小碗。 4. 能說出大碗內的彈珠有幾顆。 5. 能說出小碗內的彈珠有幾顆。 6. 能遵守遊戲規則。				

評量結果：4代表達成該項目標75%以上，3代表達成該項目標50%～75%，2代表達成該項目標25%～50%，1代表未達成該項目標25%。

學習目標：共6項，通過項目（指評量較好或很好）共＿＿項。

針對特殊幼兒所做的調整：如果幼兒無法使用湯匙，可改用手，只要數1至10就可。

延伸活動：「比較多少」（請見下一個活動）。

比較多少

學習經驗：數、主動學習、聽及理解。

材料：餅乾、小盤子（每人 1 個）、大盤子（2 個）、時鐘（實物）。

教學內容	學習目標	評量結果			
		不會 1	尚可 2	較好 3	很好 4
1. 讓幼兒拆開餅乾的小包裝袋，將餅乾放入大盤子中，數數看總共有幾個？ 2. 將全部餅乾分成兩盤，數出數量後，比較哪一盤較多，多了幾塊餅乾？ 3. 讓每個幼兒聽老師指令拿餅乾放在自己的小盤子中，兩人互相比較何者多，多了幾個？ 4. 再與中間大盤子內剩餘的餅乾，比較出自己的盤內多或少，且數出多幾個？少幾個？	1. 能拆開餅乾的袋子。 2. 能說出大盤子內的餅乾數（1 至 10）（不規則排列）。 3. 能依指定的數字拿餅乾。 4. 能與另一位幼兒比較餅乾數多寡。 5. 能說出多了幾個或少了幾個。 6. 能比較自己盤內與中間大盤內餅乾數多幾個、少幾個。				

評量結果：4 代表達成該項目標 75%以上，3 代表達成該項目標 50%～75%，2 代表達成該項目標 25%～50%，1 代表未達成該項目標 25%。

學習目標：共 6 項，通過項目（指評量較好或很好）共＿＿項。

針對特殊幼兒所做的調整：給特殊幼兒較少的餅乾（1 至 5 個），讓其數數餅乾數量。

延伸活動：點心時間準備一些盤子放餅乾或糖果，讓幼兒可以比較數量大小。

計時的工具

學習經驗：數、主動學習、聽及理解、說、社會學習。

材料：日曆、月曆、時鐘、手錶、沙漏、滴漏。

教學內容	學習目標	評量結果			
		不會 1	尚可 2	較好 3	很好 4
先引導幼兒認識計時的工具，例如：日曆、月曆、時鐘、手錶、沙漏、滴漏，再介紹簡單的構造及功能，繼而由幼兒畫出所認識不同形狀、不同種類的計時工具。	1. 能聆聽老師介紹計時的工具。 2. 能說出幾種計時的工具。 3. 能說出計時工具的時間單位。 4. 能畫出幾種計時的工具。				

評量結果：4 代表達成該項目標 75%以上，3 代表達成該項目標 50%～75%，2 代表達成該項目標 25%～50%，1 代表未達成該項目標 25%。

學習目標：共 4 項，通過項目（指評量較好或很好）共＿＿項。

針對特殊幼兒所做的調整：能說出家裡及學校的計時工具。

延伸活動：「認識時鐘（一）」（請見下一個活動）。

認識時鐘（一）

學習經驗：數、主動學習、聽及理解、說、社會學習。

材料：數字卡 1 至 12、數字貼紙 1 至 12、紙盤、長針、時針、時鐘（實物）、小時鐘（讓幼兒操作）、筆。

教學內容	學習目標	評量結果			
		不會 1	尚可 2	較好 3	很好 4
1. 呈現數字卡 1 至 12，讓幼兒說出數字。 2. 呈現時鐘，問幼兒老師所撥的是幾點鐘？ 3. 老師說幾點鐘，讓幼兒撥撥看時針要撥到哪一個數字。 4. 拿出紙盤讓幼兒製作時鐘：讓幼兒將數字 1 至 12 貼在紙盤上。 5. 讓幼兒將長針、時針及兩腳釘固定在紙盤上。 6. 讓幼兒用筆在自己的時鐘上畫上圖形。	1. 能說出數字 1 至 12。 2. 能說出老師撥出的時鐘是幾點鐘。 3. 老師說出幾點鐘，幼兒能撥至老師指定的時間。 4. 幼兒能說出時針指到哪一個數字。 5. 幼兒能從數字 1 貼至 12。 6. 幼兒能將長針、時針用雙腳釘固定在紙盤上。 7. 能用筆在自己的時鐘上畫上圖形。				

評量結果：4 代表達成該項目標 75%以上，3 代表達成該項目標 50%～75%，2 代表達成該項目標 25%～50%，1 代表未達成該項目標 25%。

學習目標：共 7 項，通過項目（指評量較好或很好）共＿＿＿項。

針對特殊幼兒所做的調整：貼數字 1 至 6 即可。

延伸活動：「認識時鐘（二）」（請見下一個活動）。

認識時鐘（二）

學習經驗：數、主動學習、聽及理解、說、社會學習。

材料：數字卡 1 至 12、數字貼紙 1 至 12、長針、短針、時鐘（實物）、塑膠
時鐘（讓幼兒操作）。

教學內容	學習目標	評量結果			
		不會 1	尚可 2	較好 3	很好 4
1. 呈現數字卡 1 至 12，讓幼兒說出數字。 2. 發下數字卡 1 至 12 讓幼兒排列順序。 3. 取一已做好的塑膠時鐘和真實時鐘讓幼兒比較其相同及不同點，並指出 1 至 12 之順序。 4. 老師遮住時鐘上的數字，讓幼兒說出少了哪個數字。 5. 老師說幾點鐘，讓幼兒撥撥看。	1. 會說出數字 1 至 12。 2. 會按 1 至 12 順序排列。 3. 能主動觀察時鐘。 4. 能比較塑膠時鐘和真實時鐘之不同點。 5. 幼兒能說出被遮住的數字（幾點鐘）。 6. 能用塑膠時鐘依指示轉至角落時間 9：00、點心時間 10：00、戶外時間 11：00、放學時間 12：00。				

評量結果：4 代表達成該項目標 75%以上，3 代表達成該項目標 50%～75%，
2 代表達成該項目標 25%～50%，1 代表未達成該項目標 25%。

學習目標：共 6 項，通過項目（指評量較好或很好）共＿＿＿項。

針對特殊幼兒所做的調整：貼數字 1 至 6 即可。

延伸活動：「我會操作時鐘」（請見下一個活動）。

我會操作時鐘

學習經驗：數、主動學習、聽及理解、說、社會學習。

材料：大繩子、數字卡 1 至 12、長針、時針、時鐘（實物）。

教學內容	學習目標	評量結果			
		不會 1	尚可 2	較好 3	很好 4
1. 觀察遊戲：請幼兒觀察時鐘的形狀、數字，以及長針、時針轉動方向。 2. 操作遊戲： ⑴請幼兒親身體驗，主動操作時鐘轉動方向。 ⑵與同組其他幼兒合作，將大繩子圍成一個圓圈，將數字 1 至 12 排出，並將長針、時針排出。 3. 配對遊戲：能依老師手上的時鐘排出自己的大時鐘，和老師玩配對遊戲。	1. 能說出老師手上的是圓形時鐘。 2. 能在觀察遊戲後說出時鐘上有：⑴數字 1 至 12；⑵長針；⑶時針；⑷秒針。 3. 能說出時鐘的轉動方向。 4. 能將時鐘轉動。 5. 能和其他幼兒合作將大繩子圍成一個圓圈，將數字 1 至 12 排出，並將長針、時針放在正確的位置。 6. 能轉動地上的大時鐘，讓它和老師手上的時鐘方位一樣。				

評量結果：4 代表達成該項目標 75%以上，3 代表達成該項目標 50%～75%，2 代表達成該項目標 25%～50%，1 代表未達成該項目標 25%。

學習目標：共 6 項，通過項目（指評量較好或很好）共＿＿項。

針對特殊幼兒所做的調整：能說出「時鐘」，並指認時鐘上的數字、長針、短針。

延伸活動：1. 結合每段作息和時鐘，例如：知道吃點心是什麼時間。

2. 「我的作息」（請見下一個活動）。

學習經驗：數、時間、主動學習、聽及理解、說、經驗及表達想法。

材料：時鐘、鬧鐘、手錶、作息表。

教學內容	學習目標	評量結果			
		不會 1	尚可 2	較好 3	很好 4
1. 延續上次的認識時鐘活動，請幼兒分別選擇一樣計時工具，並說出自己手上的計時工具之名稱及功用（特別之處）。 2. 讓幼兒將自己手上的時鐘調到和老師的時間一樣。 3. 請幼兒將時鐘調到一個整點，說出通常在這個整點時自己在做什麼。 4. 老師帶入半點的概念，請幼兒操作整點及半點，說明整點轉動一圈和半點跑半圈的不同。 5. 最後再配合作息表，讓幼兒透過提示、回憶，認識學校的作息時間，了解哪些作息是整點、哪些作息是半點。	1. 能說出自己手上拿的計時工具名稱。 2. 能說出自己手上計時工具的功用／特別之處。 3. 能操作自己手上的時鐘和老師的時間一樣（能依照老師指定的時間操作時鐘）。 4. 能將時鐘調到一個整點，說出通常在這個整點時自己在做什麼。 5. 能在操作過程說出長針轉動一圈和半圈的不同。（整點與半點概念） 6. 能說出學校一天的作息。 7. 能在回憶後，配合老師提示說出每一段作息時間。 8. 能說出每一段時間在做什麼。 9. 能說出哪些作息是整點，哪些是半點。				

評量結果：4 代表達成該項目標 75%以上，3 代表達成該項目標 50%～75%，2 代表達成該項目標 25%～50%，1 代表未達成該項目標 25%。

學習目標：共 9 項，通過項目（指評量較好或很好）共＿＿項。

針對特殊幼兒所做的調整：為幼兒選定其較常接觸、較熟悉的計時工具。

延伸活動：「用了多少時間」（請見下一個活動）。

作息表

時間		活動項目
上午	08：00～08：30	到校、自由活動
	08：30～08：45	點名、日曆活動
	08：45～09：00	角落計畫
	09：00～09：30	角落時間
	09：30～10：00	戶外時間
	10：00～10：30	點心時間
	10：30～11：00	小組時間
	11：00～11：30	大團體時間
	11：30～12：00	午餐
	12：00～12：30	刷牙、如廁
下午	12：30～02：30	午休時間
	02：30～03：00	角落時間
	03：00～03：20	點心時間
	03：20～03：40	戶外／團體時間
	03：40	放學

用了多少時間

學習經驗：數、時間、主動學習、聽及理解、說、經驗及表達想法。

材料：玩具時鐘、數字卡、真正的時鐘。

教學內容	學習目標	評量結果			
		不會 1	尚可 2	較好 3	很好 4
1. 複習數字 1 至 12。 2. 介紹「幾」點鐘，再教「分」的概念（以長針、短針來區分）。 3. 請幼兒回憶，並以玩具時鐘操作每日作息的時間（例如：幾點到校？幾點吃點心？幾點放學？）。 4. 引導幼兒思考，平常待在學校大概花了多少時間？（數格子） 5. 實際操作時鐘，請幼兒完成一件事，標記開始及結束的時間，讓所有的幼兒一起數數，從開始到結束總共花了多少時間？	1. 能指認數字，並說出數字。 2. 能注意聽老師講解長針、短針「時」、「分」的概念。 3. 能在時鐘上撥出每日作息的時間（例如：8 點到校，12 點放學）。 4. 能說出待在學校多少時間。（時鐘上格子走了幾格） 5. 能一起數數看總共花了多少時間。				

評量結果：4 代表達成該項目標 75%以上，3 代表達成該項目標 50%～75%，2 代表達成該項目標 25%～50%，1 代表未達成該項目標 25%。

學習目標：共 5 項，通過項目（指評量較好或很好）共＿＿＿項。

針對特殊幼兒所做的調整：能指認數字，並說出數字。

延伸活動：「時間到了」（請見下一個活動）。

時間到了

學習經驗：數、分類、時間、主動學習、聽及理解、說。

材料：碼錶（或有秒針的鐘）、筆、紀錄表、椅子數張（當成起跑點、障礙物、終點）。

教學內容	學習目標	評量結果			
		不會 1	尚可 2	較好 3	很好 4
1. 設置障礙場，準備起跑點、障礙物（椅子）及終點。 2. 告訴幼兒：「我們要來玩障礙賽的遊戲。」解釋什麼是障礙賽。「我們會把每一個人所花的時間記在表格上，每一個人都有機會當記錄的人。」示範如何使用碼錶，讓幼兒彼此記錄時間，並記錄在紀錄表上，告知跑者跑步的時間，每人都跑一次。 3. 第二次讓幼兒倒退著走，全體結束後，比較二次所花的時間是否相同？或者第二次比第一次所花的時間較長？ 4. 老師走一次障礙賽，讓幼兒做紀錄，第二次倒退著走，問幼兒能否預測前後花了多少時間？比較實際和預測之差別。 5. 做其他的練習，並做預測，例如：整理好教室需花多少時間？冰塊在陰涼處要多久才會溶化？	1. 能使用碼錶並讀出時間。 2. 能跑步。 3. 能記錄時間。 4. 能倒退著走。 5. 能選出哪個數字代表較長的時間。 6. 能事先預測老師第一次及第二次所花的時間。 7. 能比較實際及預測的差別。 8. 能估計整理教室需花多少時間。				

評量結果：4 代表達成該項目標 75%以上，3 代表達成該項目標 50%～75%，2 代表達成該項目標 25%～50%，1 代表未達成該項目標 25%。

學習目標：共 8 項，通過項目（指評量較好或很好）共＿＿項。

針對特殊幼兒所做的調整：能按碼錶。

延伸活動：跑步。

紀錄表

姓名	第一次	第二次

四、語文（含閱讀）領域活動

此部分的活動是為了檢核及增進幼兒語文能力所設計的課程，藉著這些活動，培養他們傾聽、表達、閱讀及寫作的技巧。

此部分的每項活動都劃分為四個技巧，每個技巧對語文能力的發展都非常的重要，這樣的劃分有利於教師在活動進行時檢核幼兒的表現。有些幼兒在這些技巧的某些方面，會有很出色的表現，但是從另一方面來說，也有些幼兒會在某些技巧上感到吃力或是缺乏興趣，而需要額外的幫助或鼓勵。

在語文領域開頭的三項活動進行後，教師會很清楚幼兒較強或較弱的技巧是在哪一方面，根據這些結果，可以修改其餘的活動以及日常的生活教學，以提供該幼兒最適合的語文能力訓練。

語文能力四個技巧的劃分方式如下：

1. 聽能：能分辨聲音的不同。
2. 理解：能了解別人說話的意思及文章詞句的意義。
3. 表達：能有效的使用文字傳達自己的意思。
4. 辨認：能分辨字型或圖形的不同。

人們經由傾聽、說話、寫作及閱讀來跟他人溝通，透過以下的動作模仿、聽能、理解、表達、看圖說話、閱讀、講故事、認字及扮演等活動幫助幼兒增進語文技巧，而達到溝通的目的。這些活動主要提供下列的聽及理解、說、閱讀、寫、經驗及表達想法，以及社會學習等經驗：

1. 傾聽（聽及理解 1）。
2. 和他人談及或分享自己的經驗（說 1）。
3. 描述人、事、物間的關係（說 2）。
4. 讓語言成為有趣的活動（說 5）。
5. 會寫字、語詞及句子（寫 5）。
6. 能主動閱讀並從閱讀中獲得訊息（閱讀 8）。
7. 講故事（說 8）。
8. 喜歡聽故事（聽及理解 3）。
9. 能讀常用的字及了解其構造（閱讀 10）。

10. 把圖片上看到的東西聯想到真實之事物（經驗及表達想法 2）。

11. 用語文或其他方式表達出想法（經驗及表達想法 1）。

12. 能與他人分享（社會學習 7）。

13. 回答問題（說 9）。

看圖說話（一）

學習經驗：聽及理解、說、經驗及表達想法。

材料：繪本書、蠟筆。

教學內容	學習目標	評量結果			
		不會 1	尚可 2	較好 3	很好 4
老師選擇以圖為主的繪本，用投影機或教學提示機介紹故事。先讓幼兒依據單張圖片內容描述故事內容，再讓幼兒連續敘述全部故事內容，最後再讓幼兒回答故事問題，以測試其是否理解故事內容。	1. 會聆聽故事內容。 2. 能注視圖片。 3. 會依據單張圖片描述故事內容。 4. 能連續敘述全部故事內容（有圖片輔助）。 5. 能根據故事內容回答問題。				

評量結果：4 代表達成該項目標 75%以上，3 代表達成該項目標 50%～75%，2 代表達成該項目標 25%～50%，1 代表未達成該項目標 25%。

學習目標：共 5 項，通過項目（指評量較好或很好）共＿＿＿項。

針對特殊幼兒所做的調整：能注視圖片。

延伸活動：「看圖說話（二）」（請見下一個活動）。

學習經驗：主動學習、聽及理解、說、閱讀。

材料：7 本繪本（簡易圖案）。

教學內容	學習目標	評量結果			
		不會 1	尚可 2	較好 3	很好 4
1. 老師先用 1 本圖畫書說故事以引起動機。 2. 呈現 7 本不同的圖畫書，請幼兒為自己選一本。 3. 請幼兒自行翻閱圖畫書的內容。 4. 請幼兒輪流坐在老師的位置上述說手上圖畫書的內容。	1. 能聆聽故事 3 分鐘。 2. 能數數 1 至 7。 3. 能為自己選 1 本故事書。 4. 能安靜閱讀 3 分鐘。 5. 能用單詞說出圖畫內容。 6. 能用簡單句說出圖畫內容。 7. 能用連續的句子說出圖畫書的內容。				

評量結果：4 代表達成該項目標 75%以上，3 代表達成該項目標 50%～75%，
2 代表達成該項目標 25%～50%，1 代表未達成該項目標 25%。

學習目標：共 7 項，通過項目（指評量較好或很好）共＿＿＿項。

針對特殊幼兒所做的調整：能選擇自己要看的書。

延伸活動：「編一小段話」（請見下一個活動）。

編一小段話

學習經驗：聽及理解、說。

材料：時間、地點及物品圖卡（自製）、名字卡、時、誰、地、事提示卡。

教學內容	學習目標	評量結果			
		不會 1	尚可 2	較好 3	很好 4
1. 老師先呈現提示卡，以提示卡配合圖片說一段話，例如：上午 10 點 小婷 在教室 吃點心為引導。 2. 請幼兒在 4 堆圖卡中各抽一張卡片，再依時、誰、地、事的順序排開。 3. 請幼兒輪流用自己抽到的卡片說一段話。 4. 先收回卡片，兩個幼兒一組，再發給每組幼兒兩張空白卡片，請一位幼兒畫一張地點的圖，另一位幼兒畫一張物品的圖（如不會畫，可用相片代替）。 5. 再用上午整點時間及用自己的名字，加上所畫的地點及事物玩上述遊戲。 6. 交換所畫的卡片再玩一次上述遊戲。	1. 能聆聽老師解說遊戲規則。 2. 能分辨（分類）4 張提示卡。 3. 能從每堆圖卡各抽 1 張卡片。 4. 能依時、誰、地、事的順序排列圖卡（例如：時間圖卡放在最前面）。 5. 能按順序說出 4 張圖片內容（一張一張）。 6. 能在卡片上畫出地點或物品。 7. 能用整點時間、自己的名字，加上所畫的地點及事物說出一段話。 8. 能遵守遊戲規則。 9. 能交換圖卡。				

評量結果：4 代表達成該項目標 75%以上，3 代表達成該項目標 50%～75%，2 代表達成該項目標 25%～50%，1 代表未達成該項目標 25%。

學習目標：共 9 項，通過項目（指評量較好或很好）共____項。

針對特殊幼兒所做的調整：不需畫圖，可以使用現成的圖片或相片。

延伸活動：「我會造句」（請見下一個活動）。

提示卡

時	地
誰	事

學習經驗：聽及理解、說

材料：圖片一張（可影印繪本中的圖片）、時間、人物、地點、做什麼圖卡（自製）、空白紙卡 28 張。

教學內容	學習目標	評量結果			
		不會 1	尚可 2	較好 3	很好 4
1. 老師拿出圖片一張讓幼兒看圖說話，等幼兒看圖說完，再告訴幼兒圖片中不止看到「誰」、在「做什麼」，還可看到事情發生的「時間」及「地點」，教導幼兒用「時間」、「地點」、「人物」、「做什麼」來描述圖片。 2. 拿出「時間」、「地點」、「人物」、「做什麼」4 堆圖卡，讓幼兒從每一堆各抽一張卡片，再依「時間」、「人物」、「地點」、「做什麼」順序讓幼兒造句。 3. 將圖卡洗牌，讓幼兒隨意抽取，進行造句遊戲。 （在此項造句遊戲中有時會有地、事不合而造成滑稽效果，例如：早上 7 點小華在公園洗澡！） 4. 發下小紙卡（空白）請幼兒自編故事。	1. 能看圖說話。 2. 能專心聆聽造句方法。 3. 會正確用圖片造句，例如：×點（時）××（誰）在××（地）做××（事）。 4. 會抽圖片。 5. 會運用抽到的卡片玩造句遊戲（時＋誰＋地＋事）。 6. 能自己繪圖卡（1～4 張）。 7. 能利用自製圖卡自編故事。 8. 能正確說出圖卡內容。 9. 能正確使用介係詞「在……」。				

評量結果：4 代表達成該項目標 75%以上，3 代表達成該項目標 50%～75%，2 代表達成該項目標 25%～50%，1 代表未達成該項目標 25%。

學習目標：共 9 項，通過項目（指評量較好或很好）共＿＿＿項。

針對特殊幼兒所做的調整：能看圖說話。

延伸活動：看圖說故事。

我會用三張圖說故事（一）

學習經驗：主動學習、聽及理解、說、閱讀、經驗及表達想法。

材料：「我會說：人際關係篇」故事圖卡（內有 12 組，每組有 3 張的故事圖片，信誼）、圖片主角、貼紙、紙（上面畫好 3 格）。

教學內容	學習目標	評量結果			
		不會 1	尚可 2	較好 3	很好 4
1. 請幼兒說出桌上的圖片有幾張（3 張）。 2. 說出圖片上的內容人物。 3. 說出圖片內發生什麼事（內容大意）。 4. 引導幼兒觀察 3 張圖片的前後順序。 5. 依圖片順序說出整個故事內容。 6. 拿出紙（上面畫好 3 格），讓幼兒按照圖片的順序排列： 並在圖片 1 上貼 1 個小圈圈貼紙表示 1；在圖片 2 上貼 2 個小圈圈貼紙表示 2；在圖片 3 上貼 3 個小圈圈貼紙表示 3。	1. 能觀察桌上的圖片後說出有幾張圖。 2. 能說出圖片內容的人物。 3. 能說出故事圖片的內容大意。 4. 能依圖片順序排出 1 至 3。 5. 能依順序說出發生的始末。 6. 能用貼紙來表示 1、2、3 的順序。 7. 能依順序說故事（看圖說話）。				

評量結果：4 代表達成該項目標 75%以上，3 代表達成該項目標 50%～75%，2 代表達成該項目標 25%～50%，1 代表未達成該項目標 25%。

學習目標：共 7 項，通過項目（指評量較好或很好）共＿＿＿項。

針對特殊幼兒所做的調整：能說出有幾張圖片。

延伸活動：「我會用三張圖說故事（二）」（請見下一個活動）。

我會用三張圖說故事（二）

學習經驗：主動學習、聽及理解、說。

材料：「我會說：解決問題篇」故事圖卡（信誼）、膠水、圖畫紙。

教學內容	學習目標	評量結果			
		不會 1	尚可 2	較好 3	很好 4
示範將 3 張圖卡或相片依發生順序排列，例如：(1)一個人將小型游泳池放在嘴巴上吹氣；(2)吹好氣，在游泳池內放水；(3)在小游泳池玩水，水不夠怎麼辦？留下問題讓幼兒想像，回答後再將順序打散讓幼兒重新排列，並將 3 張圖卡組成故事後，再分發各人一套故事圖卡（自選），一一說出故事敘述情境，再給幼兒分割的連環圖片，讓幼兒自己創作組織一個故事。	1. 能聆聽及描述所見的圖卡。 2. 能說出水不夠怎麼辦。 3. 能重新組合 3 張圖卡的故事順序，並說出因果關係。 4. 能自選故事圖卡，排列順序後說出故事（敘述情境或創意想像）。 5. 能以連環圖片用膠水黏貼，重新組織一個故事。				

評量結果：4 代表達成該項目標 75%以上，3 代表達成該項目標 50%～75%，2 代表達成該項目標 25%～50%，1 代表未達成該項目標 25%。

學習目標：共 5 項，通過項目（指評量較好或很好）共＿＿＿項。

針對特殊幼兒所做的調整：能說出每張圖卡的名稱。

延伸活動：「我會說四格故事」（請見下一個活動）。

我會說四格故事

學習經驗：聽及理解、說、經驗及表達想法。

材料：「順序圖卡」（共 13 組，每組有 3 至 6 張事件圖片，信誼）。

教學內容	學習目標	評量結果			
		不會 1	尚可 2	較好 3	很好 4
1. 老師先介紹一組排列順序的遊戲，可以先挑出圖卡是 4 張的幾組事件，再帶幼兒進行排列圖卡的順序。 2. 請幼兒仔細觀察同一組事件的圖卡，整理出哪一張先，哪一張後，排出先後的順序，再為每一組各選一則四格圖片將其影印放大，讓幼兒著色及用二句話說明圖片中事情的發生經過。老師可將其表達內容記錄於影印紙旁邊空白處。	1. 能專心看圖片。 2. 能排出圖片順序。 3. 能依圖片中的內容（房子、樹、人等）著色。 4. 能用二句話說出圖卡中事情的發生經過。				

評量結果：4 代表達成該項目標 75%以上，3 代表達成該項目標 50%～75%，
2 代表達成該項目標 25%～50%，1 代表未達成該項目標 25%。

學習目標：共 4 項，通過項目（指評量較好或很好）共 ＿＿＿ 項。

針對特殊幼兒所做的調整：能專心看圖片。

延伸活動：1. 將著好色的四格故事貼在角落。

2.「故事錄音」（請見下一個活動）。

學習經驗：主動學習、聽及理解、說。

材料：「順序圖卡」（共 13 組，每組有 3 至 6 張事件圖片，信誼）、3 至 6 張紙訂成一本、錄音筆、彩色筆、剪刀、膠帶。

教學內容	學習目標	評量結果			
		不會 1	尚可 2	較好 3	很好 4
1. 延續「我會說四格故事」的活動，將 50 張圖卡放在桌上，請幼兒將同一組事件的圖卡找出來分好。 2. 挑選其中一組排列順序，並說說看這組圖卡中事情的發生經過並錄音，再將每個故事圖片按順序排列，將其影印放大裝訂成故事書並展示。	1. 能自選一組故事圖卡。 2. 能排列順序。 3. 能說出故事（敘述情境或創意想像）。 4. 能將故事錄音。 5. 能使用彩色筆將圖案著色。 6. 能使用剪刀剪開圖片 4 張。 7. 能將 4 張圖片按順序用膠帶黏貼在裝訂好的紙上。 8. 能展示自己做的書。				

評量結果：4 代表達成該項目標 75%以上，3 代表達成該項目標 50%～75%，2 代表達成該項目標 25%～50%，1 代表未達成該項目標 25%。

學習目標：共 8 項，通過項目（指評量較好或很好）共＿＿＿項。

針對特殊幼兒所做的調整：能說出有幾張圖片。

延伸活動：將故事錄音播放給其他幼兒分享。

學習經驗：聽及理解、說。

材料：一張有趣的圖畫（可剪一張雜誌上的圖案貼在一張紙上）、一張空白紙作為封面，另外一些紙放在下面作為故事的內容、紙、一枝鉛筆。

教學內容	學習目標	評量結果			
		不會 1	尚可 2	較好 3	很好 4
1. 給幼兒看一本有一頁圖案的書（可剪一張雜誌上的圖案貼在一張紙上），告訴他們：「我想要做這本書，但我需要你們的幫助，從書上面的圖畫，你們幫我想一些書名，讓我能用在有關這幅畫的故事裡，我們把這本書稱為什麼呢？」當幼兒們想到書名時，將每個書名記在另外準備的紙上，接受所有的意見。 2. 現在將這張書名表格讀給幼兒們聽，並告訴他們：「這些都是很好的書名，但讓我們再試試看能否再找一個真正不一樣的書名。請大家再看看這幅畫，然後在你回答前先想一下，你能想出一個更特別的書名嗎？」再次寫下每一個建議（對任何特別或巧妙的書名都要表示熱衷）。 3. 選一個所建議的書名，將其列印在封面頁，協助幼兒們唸這個書名，然後說：「我們這本書已經有一個書名及	1. 能想出一個以上的書名。 2. 能想出一個特別的書名。 3. 能根據書名說出故事。 4. 能編出另一個不同的故事。				

教學內容	學習目標	評量結果			
		不會 1	尚可 2	較好 3	很好 4
一幅畫，現在我需要你們的協助寫這篇故事。」翻開這本小冊子的第2頁，當幼兒們說故事時寫下故事內容，幫助幼兒們將故事導入一個邏輯的結論。然後，從封面頁開始，再讀一次完整的故事。 4. 現在用空白紙替換封面頁及故事頁，重複教學內容3。從幼兒先前建議的書名中選一個不同的書名列印在封面頁。讀這個新的書名給幼兒聽，告訴他們：「現在讓我們來編一個新的故事。」當幼兒們說出所編的故事時，按照上面的步驟，再次寫下他們所說的話，並以讚美他們編的故事很棒作為結束。					

評量結果：4 代表達成該項目標 75%以上，3 代表達成該項目標 50%～75%，2 代表達成該項目標 25%～50%，1 代表未達成該項目標 25%。

學習目標：共 4 項，通過項目（指評量較好或很好）共＿＿＿項。

針對特殊幼兒所做的調整：能說出圖畫的意思。

延伸活動：1. 在閱讀角說故事。

2. 玩「故事裡有什麼東西」的遊戲。

我會編故事

學習經驗：聽及理解、說。

材料：白板、白板筆。

教學內容	學習目標	評量結果			
		不會 1	尚可 2	較好 3	很好 4
1. 讓幼兒聽一個故事，故事裡有些字是押韻的，要幼兒找出押韻的字。這個故事是：從前有一隻小白兔，叫做小白，他想要一頂新的帽子，從一家店走到另一家店，但是都找不到適合他的帽子。他很傷心的走在街上，看著一隻老虎戴著一頂新的帽子，小白就跟老虎說：「老虎先生你看起來好英俊啊！那頂帽子可以給我嗎？」老虎回答：「你說什麼啊！」他試著說，可是老虎沒有聽懂，老虎說：「我知道了，你要的是一隻身體軟軟的，而且很胖的小動物，他是ㄇ開頭的，你要的就是『貓』對不對？」小白一直叫不對不對，我不要貓，我想要的是一頂帽子。老虎說：「喔！你用不著這麼大聲，你只要沿著這條路走下去，到一家商店，叫『王老師帽子店』就可以買到了。」兔子一聽，非常高興，跟老虎先生說謝謝後，就一溜煙的跑去買帽子了。	1. 能聆聽老師說故事。 2. 能說出誰是主角。 3. 能說出問題及最後的結局。 4. 能編出新的故事結局。 5. 能把同樣的字放在一起。				

教學內容	學習目標	評量結果			
		不會 1	尚可 2	較好 3	很好 4
2. 老師向幼兒解釋故事通常都要有個主角、開頭、中間出現一個問題，最後想出一個解決方法，再讓幼兒聽一次故事。然後問幼兒一些問題，例如：誰是主角？問題是什麼？他如何解決這個問題？ 3. 接著讓幼兒回想一下，這個故事的結尾是否有其他可能的結束方式，例如：這隻老虎萬一一直聽不懂兔子講的話，結果會怎麼樣呢？ 4. 告訴幼兒，請在白板上寫下三個曾經在這個故事用過的字（老虎、帽子、貓），從中選一個字寫在白板的邊邊，然後要幼兒到白板前，讓幼兒找出和那個字聲音相同的字，如果答對，再猜一個字，一直到所有幼兒都有機會玩到為止。					

評量結果： 4 代表達成該項目標 75% 以上，3 代表達成該項目標 50%～75%，2 代表達成該項目標 25%～50%，1 代表未達成該項目標 25%。

學習目標： 共 5 項，通過項目（指評量較好或很好）共 ＿＿ 項。

針對特殊幼兒所做的調整： 能聽故事。

延伸活動： 讓幼兒看完書講故事。

相反詞

學習經驗：空間、主動學習、聽及理解、說、閱讀、社會學習。

材料：實物（大、小球，長、短線……）、細彩色筆、剪刀、學習單。

教學內容	學習目標	評量結果			
		不會 1	尚可 2	較好 3	很好 4
1. 老師先介紹「相反詞」的意義，拿出大球／小球、長線／短線……。 2. 玩「相反」的遊戲：老師說「大」，幼兒要比「小」，說「長」，幼兒要比「短」，觀察幼兒的反應。 3. 請幼兒剪下學習單 1，並把相反的 2 張圖片放在一起。 4. 拿出學習單 2，請幼兒觀察兩張不同的圖後，由老師唸語詞：乾的／濕的、小的／大的、沒綑的／綑好的，讓幼兒再選出正確的語詞。	1. 能聆聽老師的解說。 2. 能遵守遊戲規則。 3. 能用手比出相反詞。 4. 會使用剪刀剪下圖形。 5. 能將相反詞的 2 張圖片放在一起。 6. 會聆聽老師唸語詞。 7. 能觀察比較 2 張圖片後，說出每一組圖片的不同點。 8. 能選出每組正確的語詞：乾的／濕的、小的／大的、沒綑的／綑好的。				

評量結果：4 代表達成該項目標 75% 以上，3 代表達成該項目標 50%～75%，2 代表達成該項目標 25%～50%，1 代表未達成該項目標 25%。

學習目標：共 8 項，通過項目（指評量較好或很好）共＿＿＿項。

針對特殊幼兒所做的調整：能分辨大小。

延伸活動：找出日常生活中相反的事物，例如：冷水、熱水。

學習單 1

請剪下圖形，並把相反的兩張圖片放在一起。

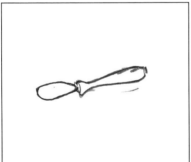 

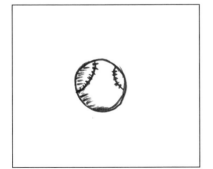 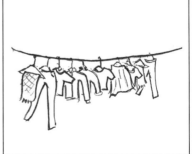

學習單 2

請觀察下列每組兩張不同的圖後，由老師唸下列的語詞：乾的／濕的、小的／大的、沒綑的／綑好的，讓幼兒再選出正確的語詞。

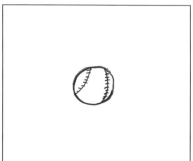

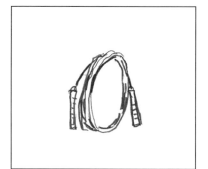

學習經驗：主動學習、聽及理解。

材料：卡片（蘋果、香蕉、西瓜、葡萄、我喜歡吃）、水果模型（蘋果、香蕉、西瓜、葡萄）。

教學內容	學習目標	評量結果			
		不會 1	尚可 2	較好 3	很好 4
1. 老師先呈現水果模型，請幼兒說出水果的名稱和吃法。 2. 拿出水果並請幼兒指認水果字卡。 3. 再呈現「我喜歡吃」的卡片，並配合水果模型，做造句練習，例如：「我喜歡吃蘋果」，順勢拿出蘋果模型。 4. 發下卡片請幼兒逐一練習造句。	1. 能說出水果的名稱： 　(1)蘋果。 　(2)香蕉。 　(3)西瓜。 　(4)葡萄。 2. 能發表吃水果的經驗。 3. 能指認水果字卡。 4. 能說出喜歡吃的水果。（一種） 5. 能造句我喜歡吃水果。（蘋果、香蕉、西瓜、葡萄）。 6. 能說出吃東西的經驗。				

評量結果：4代表達成該項目標 75%以上，3 代表達成該項目標 50%～75%，2 代表達成該項目標 25%～50%，1 代表未達成該項目標 25%。

學習目標：共 6 項，通過項目（指評量較好或很好）共＿＿項。

針對特殊幼兒所做的調整：能說出常吃的水果。

延伸活動：認識午餐的水果。

學習經驗：聽及理解、說。

材料：教室上課相片、卡片、筆、「順序圖卡」（信誼）。

教學內容	學習目標	評量結果			
		不會 1	尚可 2	較好 3	很好 4
1. 圖的奧祕： ⑴ 由老師或幼兒指定一張相片（例如：吃點心……），讓其他幼兒找到指定的相片，並要幼兒說出相片的內容。 ⑵ 請幼兒由相片中所示，判斷並說出事件的進行時間（連接詞），例如：過去式→已經、剛才……；進行式→現在、正要……；未來式→準備、快要……。 ⑶ 請幼兒看相片並聽老師（或幼兒）唸圖卡下的兩個句子：正在吃點心，準備吃點心，並從中選出代表相片的正確句子。 2. 順序圖卡：依幼兒程度發給 2～5 張圖卡，請幼兒排出順序並用句子敘述。 3. 造句遊戲：請幼兒抽出老師事先寫好的圖卡，並使用時間連接詞造句。	1. 能聆聽老師說明。 2. 能找到指定的相片。 3. 能說出相片的內容。 4. 能判斷事件發生時間。 5. 能使用和時間先後相關的連接詞。 6. 能選出正確的句子。 7. 能排出 2～5 張圖卡的正確順序（按過去、現在及未來順序排列）。 8. 能用句子敘述圖卡。 9. 能看著卡片造短句（使用時間連接詞）。				

評量結果：4代表達成該項目標 75%以上，3 代表達成該項目標 50%～75%，2 代表達成該項目標 25%～50%，1 代表未達成該項目標 25%。

學習目標：共 9 項，通過項目（指評量較好或很好）共＿＿項。

針對特殊幼兒所做的調整：能參與遊戲。

延伸活動：繼續「順序圖卡」活動。

世界風情話

學習經驗：分類、聽及理解、說、閱讀、經驗及表達想法。

材料：民俗風情圖片、繪本《環遊世界地圖書》（信誼）。

教學內容	學習目標	評量結果			
		不會 1	尚可 2	較好 3	很好 4
1. 介紹民俗風情圖片，讓幼兒說出圖片的不同，並說出臺灣的民俗風情 2. 介紹《環遊世界地圖書》，讓幼兒認識世界各地不同的文化風俗，例如：歐洲的北方人多半金髮白皮膚，見面時會握手；南方人的頭髮與皮膚都較暗沉，見面時會互親臉。幫助幼兒建立世界觀，並使幼兒輕鬆對應世界各大洲與相對位置。 3. 引導幼兒找出（比較）這些不同國家圖片內容中的不同處（例如：人的膚色、服裝等）。 4. 請幼兒說出書中人物的所穿衣物、猜測當地冷暖。 5. 以書中圖片來介紹各地的服裝。	1. 能說出圖片內容。 2. 能說出臺灣的民俗風情。 3. 能聆聽老師說故事。 4. 能描述故事內容。 5. 能說出書中介紹了哪些國家。 6. 能分辨書中人物的衣物多寡、厚薄，並猜測天氣冷暖。 7. 能說出各地的服裝。				

評量結果：4 代表達成該項目標 75%以上，3 代表達成該項目標 50%～75%，2 代表達成該項目標 25%～50%，1 代表未達成該項目標 25%。

學習目標：共 7 項，通過項目（指評量較好或很好）共＿＿＿項。

針對特殊幼兒所做的調整：能自己挑選書。

延伸活動：介紹臺灣的節慶及講民俗風情故事。

民俗風情圖片

閱讀

學習經驗：聽及理解、說、閱讀、經驗及表達想法。

材料：書、書中圖片。

教學內容	學習目標	評量結果			
		不會 1	尚可 2	較好 3	很好 4
先讓幼兒看書，再請幼兒說出書中的圖片內容，或是說出書的內容以了解認識的字。	△把圖片上看到的東西聯想到真實之事物（經驗及表達想法2）： 1. 能安靜看書，至少3分鐘。 2. 能說出書中圖片的意義。 3. 能說出自己看的書之內容。 △喜歡聽故事（聽及理解3）： 4. 能安靜聆聽其他幼兒講故事。 △能讀常用的字及了解其構造（閱讀10）： 5. 能認讀書中的字至少5個以上。				

評量結果：4代表達成該項目標75%以上，3代表達成該項目標50%～75%，2代表達成該項目標25%～50%，1代表未達成該項目標25%。

學習目標：共5項，通過項目（指評量較好或很好）共＿＿＿項。

針對特殊幼兒所做的調整：能翻書。

延伸活動：「故事：再見斑斑」（請見下一個活動）或其他書。

故事：再見斑斑

學習經驗：聽及理解、說。

材料：《再見斑斑》（英文漢聲）、圖片影印本、蠟筆。

教學內容	學習目標	評量結果			
		不會 1	尚可 2	較好 3	很好 4
由老師先敘述一次故事內容，再將故事中的圖片影印，讓幼兒看著圖片複述故事內容，最後讓幼兒幫故事中的新小狗取名字，再讓幼兒依故事內容順序排列圖片，並著色。	1. 能注意聽故事內容。 2. 能看著故事中的圖片說出該部分的情節內容。 3. 能幫故事主角新小狗取名字。 4. 能依故事內容將圖片依順序排列。 5. 會將故事圖片塗上顏色。				

評量結果：4 代表達成該項目標 75%以上，3 代表達成該項目標 50%～75%，2 代表達成該項目標 25%～50%，1 代表未達成該項目標 25%。

學習目標：共 5 項，通過項目（指評量較好或很好）共＿＿項。

針對特殊幼兒所做的調整：能說出故事名稱。

延伸活動：其他故事。

生氣時該怎麼辦

學習經驗：說、經驗及表達想法、社會學習。

材料：布偶（小老鼠、小兔子）、書及圖片、彩色筆、紙。

教學內容	學習目標	評量結果			
		不會 1	尚可 2	較好 3	很好 4
1. 先由兩隻小動物布偶扮演對話，他們是好朋友，玩耍時吵架，一隻生氣，一隻認為是在玩，老師詢問幼兒該如何解決。 2. 再用書中圖片由幼兒發表自己在什麼樣的情形下會很生氣，及生氣該怎麼辦。最後請幼兒兩人一組，一人扮演生氣的樣子，一人扮演生氣該怎麼辦。	1. 能看與聽兩隻動物布偶的扮演與對話。 2. 能回答他們怎麼了。 3. 能說出如何解決他們的爭吵與生氣。 4. 能說出書中圖片的那個朋友怎麼了。 5. 能說出自己在什麼樣的情形下會很生氣。 6. 能說出自己生氣該怎麼辦。 7. 能扮演生氣的樣子。 8. 能扮演生氣怎麼辦。				

評量結果：4 代表達成該項目標 75%以上，3 代表達成該項目標 50%～75%，2 代表達成該項目標 25%～50%，1 代表未達成該項目標 25%。

學習目標：共 8 項，通過項目（指評量較好或很好）共＿＿＿項。

針對特殊幼兒所做的調整：能做出生氣的樣子。

延伸活動：「小馬哥去旅行」（請見下一個活動）。

小馬哥去旅行

學習經驗：聽及理解、說、經驗及表達想法。

材料：5 張紙訂成一本、封面、絨布偶「小馬哥」、彩色筆。

教學內容	學習目標	評量結果			
		不會 1	尚可 2	較好 3	很好 4
老師用絨布偶「小馬哥」向幼兒問好，然後以小馬哥要去旅行開始說故事，並請幼兒說出小馬哥旅行去了哪裡，發生了什麼事，然後請幼兒畫出來、取一個書名，最後老師將幼兒說的話一一寫在幼兒的圖畫上，成一自製故事書。	1. 能說出小馬哥要去何處。 2. 能說出小馬哥將會遇到什麼事。 3. 能用彩色筆畫出小馬哥旅行的故事。 4. 能畫在老師釘成一本的紙上。 5. 能說出自己畫的故事書書名。 6. 能將自己畫的內容告訴老師，並請老師記下。				

評量結果：4 代表達成該項目標 75% 以上，3 代表達成該項目標 50%～75%，2 代表達成該項目標 25%～50%，1 代表未達成該項目標 25%。

學習目標：共 6 項，通過項目（指評量較好或很好）共＿＿＿項。

針對特殊幼兒所做的調整：能說出旅行的地方。

延伸活動：「當心恐龍」（請見下一個活動）或其他書。

學習經驗：聽及理解說、經驗及表達想法。

材料：繪本《當心恐龍》（華一書局）、圖畫紙、蠟筆。

教學內容	學習目標	評量結果			
		不會 1	尚可 2	較好 3	很好 4
先聽老師說《當心恐龍》的故事，回答問題，然後要幼兒將書上內容畫在圖畫紙上與其他幼兒分享。	1. 能專心聽老師說故事。 2. 能回答下列問題： 　(1)恐龍出現在公園，發生了什麼事？ 　(2)這隻恐龍後來的名字叫做好吃龍，為什麼？ 　(3)小朋友如何幫助他回家？ 　(4)回家後發生了什麼事？ 3. 能將書上的內容畫在圖畫紙上。 4. 能告訴其他幼兒自己畫的內容。				

評量結果：4 代表達成該項目標 75%以上，3 代表達成該項目標 50%～75%，2 代表達成該項目標 25%～50%，1 代表未達成該項目標 25%。

學習目標：共 4 項，通過項目（指評量較好或很好）共＿＿項。

針對特殊幼兒所做的調整：能說出恐龍。

延伸活動：將書、恐龍圖片及恐龍放在角落讓幼兒探索。

五、精細動作（含美感）領域活動

此部分的活動是為了檢核及增進幼兒精細動作能力所設計的課程，這些需要動手操作的活動，能激發幼兒的手部精細能力及藝術方面之潛能。

此部分的每項活動都劃分為四個技巧，每個技巧對精細動作能力的發展都非常的重要，這樣的劃分有利於教師在活動進行時檢核幼兒的表現。有些幼兒在這些技巧的某些方面，會有很出色的表現，但是從另一方面來說，也有些幼兒會在某些技巧上感到吃力或是缺乏興趣，而需要額外的幫助或鼓勵。

在精細動作領域開頭的三項活動進行後，教師會很清楚幼兒較強或較弱的技巧是在哪一方面，根據這些結果，可以修改其餘的活動以及日常的生活教學，以提供該幼兒最適合的精細動作能力訓練。

精細動作能力四個技巧的劃分方式如下：

1. 視覺敏感度：能注意及分辨出不同顏色、材質、大小及設計。
2. 欣賞：能欣賞及評估藝術作品。
3. 技巧：有技巧的使用工具及材料。
4. 獨創性：能做出特別及不平常的作品。

和精細動作相關的學習經驗如下：

1. 能經由感官主動探索，認識各種物品及材料的功能及特性，並正確操作（主動學習 2）。
2. 藉由操作了解物體之間的關係（主動學習 3）。
3. 操作、轉換及組合材料（主動學習 5）。
4. 用繪畫及創作表達自己的想法（經驗及表達想法 5）。

立體魚

學習經驗：空間、主動學習、聽及理解、說、經驗及表達想法、科學。

材料：實物（魚）、魚的模型、有魚圖片的書籍、圖畫紙（已經剪好的圓形、
　　　　魚鰭）、亮亮紙、貼紙、剪刀、彩色筆、膠台、色紙、釘書機。

教學內容	學習目標	評量結果			
		不會 1	尚可 2	較好 3	很好 4
1. 請幼兒觀察某位幼兒帶的金魚、老師介紹書中的各種魚，以及老師事先做的各式魚的模型。 2. 請幼兒們翻閱魚的書籍並互相討論「魚」後，選擇自己欲使用之用具及材料。 3. 請幼兒使用畫好及剪好的圓形紙及魚鰭製作立體魚。 4. 請幼兒拿著自製的立體魚想像優游在水中，彼此問候，藉以欣賞彼此做的魚。	1. 能遵守看魚規則（不搶、不拍……）。 2. 能翻閱書籍。 3. 能找到書籍中有魚圖案的那一頁。 4. 能聆聽其他幼兒發言。 5. 能和其他幼兒討論自己看到的魚。 6. 能將 2 張圓形紙用彩色筆畫上圖案或線條。 7. 能將 2 張圓形紙用釘書機釘在一起。 8. 能用 2 片錐形圓組成魚的身體。 9. 能裝上尾鰭、胸鰭、腹鰭。 10. 能用色紙、亮亮紙貼上眼睛及裝飾魚身。 11. 能自行選擇欲使用之用具、材料。 12. 能沿線剪、貼。 13. 能依自己的意思剪、貼。 14. 會主動要求協助。 15. 能與他人交換材料。 16. 能說出平面（圓）→立體魚之過程。（至少 1 點） 17. 能收拾整理。 18. 能拿著自製的立體魚想像優游在水中，彼此問候。 19. 能稱讚別人的作品。				

評量結果：4 代表達成該項目標 75%以上，3 代表達成該項目標 50%～75%，
　　　　　　2 代表達成該項目標 25%～50%，1 代表未達成該項目標 25%。

學習目標：共 19 項，通過項目（指評量較好或很好）共＿＿項。

針對特殊幼兒所做的調整：仿畫魚。

延伸活動：將立體魚展示在角落。

蔬菜拓印（一）

學習經驗：主動學習、聽及理解、社會學習。

材料：紅蘿蔔、白蘿蔔、水彩、圖畫紙、水彩筆、吸管、原子筆套。

教學內容	學習目標	評量結果			
		不會 1	尚可 2	較好 3	很好 4
1. 老師展示蔬菜。 2. 講解蔬菜的特徵。 3. 發給每個幼兒紅蘿蔔、白蘿蔔薄片，指導幼兒進行造型創作。 4. 作品完成後展示，大家共同欣賞。	△能經由感官主動探索各種材料的功能及特性（主動學習2）： 1. 能說出老師呈現蔬菜的名稱、顏色、形狀。 △傾聽（聽及理解1）： 2. 能聆聽老師講解蔬菜生長的地方及其營養。 △操作、轉換及組合材料（主動學習5）： 3. 能做蘿蔔薄片造型。 4. 能上水彩。 5. 能拓印紙上。 6. 能請老師協助。 7. 能向老師要求器具、材料供給。				

評量結果：4 代表達成該項目標 75%以上，3 代表達成該項目標 50%～75%，
2 代表達成該項目標 25%～50%，1 代表未達成該項目標 25%。

學習目標：共 7 項，通過項目（指評量較好或很好）共＿＿項。

針對特殊幼兒所做的調整：能說出蔬菜名稱。

延伸活動：「蔬菜拓印（二）」（請見下一個活動）。

蔬菜拓印（二）

學習經驗： 主動學習、聽及理解、社會學習。

材料： 茄子切片、紅蘿蔔各型切片、青椒切片、彩色廣告顏料、蠟筆、圖畫紙。

教學內容	學習目標	評量結果			
		不會 1	尚可 2	較好 3	很好 4
複習蔬菜的種類和名稱，並引導幼兒做各種蔬菜拓印的聯想。	1. 能說出茄子、紅蘿蔔、青椒三種名稱。 2. 能將各種蔬菜沾顏料拓印在圖畫紙上。 3. 能拓印出各種造型，並加以組合成為有意義的圖案，例如：鴨子與水的結合、太陽與雲的結合。 4. 能將自己拓印出來的圖案用蠟筆補充。 5. 能將自己的拓印畫加以解說或命名（組成有連續的故事）。				

評量結果： 4 代表達成該項目標 75%以上，3 代表達成該項目標 50%～75%，2 代表達成該項目標 25%～50%，1 代表未達成該項目標 25%。

學習目標： 共 5 項，通過項目（指評量較好或很好）共＿＿項。

針對特殊幼兒所做的調整： 能說出蔬菜名稱。

延伸活動： 認識午餐常吃的蔬菜。

毛毛蟲吃大餐

學習經驗：數、主動學習、聽及理解、說。

材料：繪本《好餓的毛毛蟲》（上誼）、毛毛蟲玩偶（以衛生紙捲曲而成）、白板、圓形卡紙（上標有數字 1 至 6 日）、毛毛蟲頭形的卡紙、膠水、釘書機、竹棒、膠帶、畫有各種食物的圖片。

教學內容	學習目標	評量結果			
		不會 1	尚可 2	較好 3	很好 4
開始： 1. 講述故事《好餓的毛毛蟲》，講述時利用該書特點，老師以毛毛蟲玩偶鑽過毛毛蟲吃過的每一種食物的洞，以協助幼兒體會數量變化。 發展： 2. 故事結束後，利用教具，先將毛毛蟲的圖片貼在白板上，然後問：「毛毛蟲吃了好多好多的東西，星期一吃了什麼？」（呈現1的圓形卡紙）。 3. 當幼兒回答一個蘋果時，老師將一個蘋果貼在毛毛蟲身上。老師接著問：「星期二吃了什麼？……」至第 7 天結束 老師說：「哇！毛毛蟲吃得好飽喔！」 4. 老師發給每個幼兒毛毛蟲頭形的卡紙及標有 1 至 6 日的圓形卡紙，請幼兒依數字餵自己的毛毛蟲吃東西（將畫有食物的圖片黏貼於卡紙上）。	△傾聽（聽及理解 1）： 1. 能注意聽老師說故事。 △回答問題（說 9）： 2. 能回答老師所提的問題： 　(1) 星期一吃了什麼？ 　(2) 星期二吃了什麼？…… △在談話、畫畫及寫字時，了解數字代表的意義（數 4）： 3. 以手指穿過書中的洞後，能知道毛毛蟲隨著天數的增加（數字增加），所吃的東西也愈多（數量增加）。 △比較數字及數量之多少（數 1）： 4. 能知道數字愈大表示毛毛蟲吃的東西愈多。 △數東西（數 12）： 5. 能依數字貼上等量的物品。 6. 能將 7 個圓形卡紙及頭連接起來。 7. 能在頭尾加上兩根竹棒。 △充分使用小肌肉（主動學習 8）： 8. 能記住毛毛蟲吃過的東西。 9. 能做出毛毛蟲擺動的樣子。				

教學內容	學習目標	評量結果			
		不會 1	尚可 2	較好 3	很好 4
5. 完成後，老師協助幼兒用釘書機將7個圓形卡紙及頭連接起來，頭尾加上兩根竹棒，就是一隻活生生、很可愛的毛毛蟲了。 結束： 6. 請幼兒說出自己的毛毛蟲吃了哪些東西。 7. 請幼兒自由操作毛毛蟲。					

評量結果：4代表達成該項目標75%以上，3代表達成該項目標50%～75%，
　　　　　　2代表達成該項目標25%～50%，1代表未達成該項目標25%。

學習目標：共9項，通過項目（指評量較好或很好）共＿＿項。

針對特殊幼兒所做的調整：能說出毛毛蟲吃的東西名稱。

延伸活動：「蕃茄毛毛蟲」（請見下一個活動）。

蕃茄毛毛蟲

學習經驗：數、主動學習、聽及理解、說。

材料：繪本《好餓的毛毛蟲》（上誼）、番茄、牙籤、火柴棒、剪刀。

教學內容	學習目標	評量結果			
		不會 1	尚可 2	較好 3	很好 4
1. 複習故事《好餓的毛毛蟲》。 2. 介紹蔬果「蕃茄」，讓幼兒嚐嚐看它的味道，並觀察它的外觀。 3. 老師將事先做好的蕃茄毛毛蟲展現出來，讓幼兒觀察蕃茄毛毛蟲是由什麼組合成的（番茄、牙籤、火柴棒）。 4. 讓幼兒兩兩合作剪牙籤。 5. 幼兒利用牙籤把蕃茄串起來，成為蕃茄毛毛蟲。 6. 讓幼兒能夠彼此分享完成的作品。	△傾聽（聽及理解 1）： 1. 能專心聆聽老師說故事。 △用繪畫及創作表達自己的想法（經驗及表達想法 5）： 2. 能說出「毛毛蟲吃了這麼多東西，結果……」。 △能經由感官主動探索番茄的味道、大小、形狀、外觀（主動學習 2）： 3. 能說出蕃茄的味道及外觀。 4. 能說出「番茄毛毛蟲」是由番茄、牙籤、火柴棒所組成。 5. 能使用剪刀將牙籤剪成一半。 △能和他人一起玩或一起工作（社會學習 24）： 6. 能互相將牙籤剪成一半。 7. 能對幫忙的其他幼兒說：「謝謝。」 8. 能對被幫忙者說：「不客氣。」 △把物品組合在一起或分開（空間 1）： 9. 能將番茄、牙籤、剪好的牙籤、火柴棒組合成「番茄毛毛蟲」。				

評量結果：4 代表達成該項目標 75%以上，3 代表達成該項目標 50%～75%，2 代表達成該項目標 25%～50%，1 代表未達成該項目標 25%。

學習目標：共 9 項，通過項目（指評量較好或很好）共＿＿＿項。

針對特殊幼兒所做的調整：能說出毛毛蟲名稱。

延伸活動：將蕃茄毛毛蟲展示在角落。

學習經驗：主動學習、聽及理解。

材料：獅王面具、紙盤、皺紋紙、色紙、膠帶、剪刀、橡皮筋、蠟筆。

教學內容	學習目標	評量結果			
		不會 1	尚可 2	較好 3	很好 4
1. 老師放「獅王進行曲」音樂及展示做好的面具。 2. 講解面具的作法。 3. 發給每個幼兒材料，指導幼兒進行造型創作。 4. 作品完成後，展示。 5. 放音樂，戴上面具，配合音樂扮演獅王行進。	1. 能安靜聽「獅王進行曲」音樂。 2. 能聆聽老師說明如何製作獅王面具及材料使用。 3. 能用蠟筆在紙盤上作畫。 4. 能用膠帶固定皺紋紙裝飾。 5. 能在紙盤打洞（眼睛的洞）。 6. 能在洞裡加上橡皮筋。 7. 能將面具戴在臉上，橡皮筋套在耳朵上。 8. 能隨音樂扮演獅子行進。				

評量結果：4 代表達成該項目標 75%以上，3 代表達成該項目標 50%～75%，
　　　　　2 代表達成該項目標 25%～50%，1 代表未達成該項目標 25%。

學習目標：共 8 項，通過項目（指評量較好或很好）共＿＿項。

針對特殊幼兒所做的調整：能跟隨音樂前進。

延伸活動：戴上面具扮演。

水果皇冠

學習經驗：主動學習、社會學習。

材料：水果（蘋果、香蕉、芭樂、葡萄柚）、圖畫紙、蠟筆、剪刀、訂書機。

教學內容	學習目標	評量結果			
		不會 1	尚可 2	較好 3	很好 4
1. 老師先一次拿一種水果，問特殊幼兒那是什麼水果？再問普通幼兒那些水果的特性？（軟、硬、味道、顏色……） 2. 老師發給每一位幼兒四種水果圖案的圖畫紙，讓他們自己選擇一種最喜歡的水果，再問他們為什麼喜歡這種水果。 3. 讓幼兒自己塗顏色。顏色塗好後，用剪刀將水果的外型輪廓剪下。 4. 讓幼兒將剪好的水果貼在老師事先做好的環形帶子上，以做成一個皇冠，完成之後給幼兒戴上。 5. 若有幼兒先做好，鼓勵他（她）再做一個皇冠送給老師或爸爸、媽媽。每一位幼兒都做好後，讓他們起來發表，自我介紹（例如：我是蘋果公主……），並互相欣賞。	△能經由感官主動探索材料的功能及特性（主動學習 2）： 1. 看到水果能說出其名稱。 2. 能說出水果嚐起來的味道。 3. 能說出水果的顏色。 4. 能從四種水果圖案中選一個最喜歡的並說出其名稱。 △操作、轉換及組合材料（主動學習 5）： 5. 能將水果圖案著色。 6. 能將水果外型輪廓剪下。 7. 能將水果貼在環形帶子上。 △能與他人分享（社會學習 7）： 8. 能展示自己的作品，並為自己的作品命名。				

評量結果：4 代表達成該項目標 75%以上，3 代表達成該項目標 50%～75%，2 代表達成該項目標 25%～50%，1 代表未達成該項目標 25%。

學習目標：共 8 項，通過項目（指評量較好或很好）共＿＿項。

針對特殊幼兒所做的調整：能說出水果名稱 。

延伸活動：戴皇冠扮演。

哇！這是什麼

學習經驗：分類、空間、主動學習、說、社會學習。

材料：水果蔬菜模型、水果蔬菜實物、水果刀、刨刀等工具。

教學內容	學習目標	評量結果			
		不會 1	尚可 2	較好 3	很好 4
1. 將幼兒帶來的蔬果事先用袋子裝好，請其描述特徵，讓其他幼兒猜他帶來的蔬果是什麼（魔術袋遊戲）。 2. 接著玩買蔬菜和水果的遊戲，例如老師說：「我要買水果（蔬菜）。」幼兒即從桌上拿一個水果（蔬菜）。 3. 請幼兒拿出自己的工具：刨刀、小水果刀、刮刀等切、割、剝……自己帶來的蔬果，亦可以與他人交換工具。 4. 請幼兒指認經處理（削、切、刮皮……）過後的水果之名稱，並可與其他幼兒分享自己帶來的水果。	1. 能用語詞描述物體特徵。 2. 能問問題。 3. 能依線索猜題。 4. 能依遊戲規則玩遊戲。 5. 能分辨蔬菜和水果。 6. 能記得帶一樣工具到學校。 7. 能正確使用工具削、切水果。 8. 能與其他幼兒交換工具。 9. 能有部分與全部的概念（蔬果處理前後）。 10. 能將自己帶來的水果與其他幼兒分享。				

評量結果：4 代表達成該項目標 75%以上，3 代表達成該項目標 50%～75%，2 代表達成該項目標 25%～50%，1 代表未達成該項目標 25%。

學習目標：共 10 項，通過項目（指評量較好或很好）共＿＿項。

針對特殊幼兒所做的調整：能說出蔬果名稱。

延伸活動：果皮、蔬菜屑創意拼貼畫。

彩糊創意畫

學習經驗：分類、空間、主動學習、社會學習。

材料：漿糊、顏料、水、調色盤、竹筷、大張海報紙、膠帶。

教學內容	學習目標	評量結果			
		不會 1	尚可 2	較好 3	很好 4
1. 老師介紹漿糊和顏料在日常生活上的用途。 2. 請幼兒將漿糊和顏料混合成漿糊顏料。 3. 將不同顏色的漿糊顏料，依顏色分類放置在不同的調色盤內。 4. 讓幼兒自行操作選擇材料，用不同的方法作畫（例如：手指印畫、撿樹葉和花瓣拓印、用手指抹、樹葉貼等）。	1. 能聆聽老師的解說。 2. 能主動地將漿糊和顏料混合。 3. 能依不同顏色的漿糊顏料分別放在不同的調色盤內。 4. 能自己選擇喜歡的漿糊顏料作畫。 5. 能在選擇顏料後，用不同的各種方法作畫。 6. 能與其他幼兒合作。 7. 能與其他幼兒分享。 8. 能幫忙收拾洗調色盤。				

評量結果：4 代表達成該項目標 75% 以上，3 代表達成該項目標 50%～75%，2 代表達成該項目標 25%～50%，1 代表未達成該項目標 25%。

學習目標：共 8 項，通過項目（指評量較好或很好）共＿＿＿項。

針對特殊幼兒所做的調整：能與其他幼兒一起完成作品。

延伸活動：將作品展示在角落或布告欄。

搖搖船

學習經驗：主動學習、說、經驗及表達想法。

材料：圓形紙卡、人物圖案或貼紙、膠水、彩色筆。

教學內容	學習目標	評量結果			
		不會 1	尚可 2	較好 3	很好 4
1. 老師拿出樣本「搖搖船」，請幼兒觀察後說出自己坐船或所知有關船的各種經驗。 2. 老師請幼兒觀察材料及說明作法後，幼兒自己動手製作搖搖船，並為自己的搖搖船取名字。	1. 觀察老師的樣本「搖搖船」後，能說出自己的坐船經驗。 2. 觀察後能說出自己所知的船種類一至二種。 3. 能在老師說明作法後，自己將圓形紙卡對摺。 4. 能選擇喜歡的人物圖案或貼紙。 5. 能將選好的人物塗上膠水。 6. 能將塗有膠水的人物貼在對摺的紙卡上。 7. 能選擇彩色筆為船著色。 8. 能為做好的船取名。				

評量結果：4 代表達成該項目標 75%以上，3 代表達成該項目標 50%～75%，
2 代表達成該項目標 25%～50%，1 代表未達成該項目標 25%。

學習目標：共 8 項，通過項目（指評量較好或很好）共＿＿項。

針對特殊幼兒所做的調整：能對折及貼。

延伸活動：將作品展示在角落讓幼兒探索。

磁磚拼貼

學習經驗：主動學習、說、經驗及表達想法、社會學習。

材料：各種不同大小的磁磚、碎石子、石頭（大、中、小）、厚紙板、壁報紙（8開）、白膠、彩色筆。

教學內容	學習目標	評量結果			
		不會 1	尚可 2	較好 3	很好 4
1. 老師先蒐集各式不同且大小不一的磁磚及小石子。 2. 問幼兒在哪些地方可以看到這些東西？ 3. 給予幼兒厚紙板及壁報紙各一張，並將兩者合併黏貼起來。 4. 讓幼兒自行創作圖畫。 5. 請幼兒為自己的作品命名。 6. 與其他幼兒共同分享作品。	1. 能說出各種材料的名稱（三種以上），例如：磁磚、大理石、石頭等。 2. 能知道哪些地方可以看到這些材料。（3個地方以上） 3. 能依序領取材料。 4. 能將厚紙板與壁報紙黏貼在一起。 5. 能自行創作圖畫。 6. 能說出自己的需要。（白膠、磁磚或石子、彩色筆等） 7. 能在已黏貼好的作品中再用彩色筆作畫。 8. 能為自己的作品命名。 9. 能與其他幼兒共同分享作品並欣賞。				

評量結果：4代表達成該項目標75%以上，3代表達成該項目標50%～75%，2代表達成該項目標25%～50%，1代表未達成該項目標25%。

學習目標：共9項，通過項目（指評量較好或很好）共＿＿項。

針對特殊幼兒所做的調整：能貼及說出磁磚的名字。

延伸活動：將作品貼在角落。

聖誕卡製作

學習經驗：主動學習、聽及理解、經驗及表達想法、照顧自己的需要、社會學習。

材料：雲彩紙、圖形紙（印有聖誕節慶圖形）、彩色筆、膠水、剪刀。

教學內容	學習目標	評量結果			
		不會 1	尚可 2	較好 3	很好 4
1. 展示各式聖誕卡。 2. 和幼兒討論、讓幼兒發表，寄卡片給誰？去年收到幾張？誰寄來的？ 3. 老師示範及說明製作卡片的方法。 4. 再讓幼兒自行創作卡片。	1. 能說出自己想寄卡片給哪些人。 2. 能說出自己或家人去年收到幾張卡片。 3. 能說出誰寄卡片給他。 4. 能安靜聆聽老師示範說明卡片的製作方法。 5. 能和其他幼兒一起使用工具、材料製作卡片。 6. 能將作品與其他幼兒分享。 7. 能參與收拾的工作。				

評量結果：4 代表達成該項目標 75%以上，3 代表達成該項目標 50%～75%，2 代表達成該項目標 25%～50%，1 代表未達成該項目標 25%。

學習目標：共 7 項，通過項目（指評量較好或很好）共＿＿＿項。

針對特殊幼兒所做的調整：能說出想送卡片給誰。

延伸活動：「寄卡片」（請見下一個活動）。

學習經驗：聽及理解、說。

材料：書面紙、膠水、剪刀、聖誕卡或賀年卡（現成或已做好）、郵票、信封、錢幣（購買郵票）。

教學內容	學習目標	評量結果			
		不會 1	尚可 2	較好 3	很好 4
延續上一個活動的卡片製作，指導幼兒做一個信封套，放入賀卡，並發表此賀卡想寄到哪？寄給誰？填好收信人及地址，指導幼兒到郵局買郵票、貼好，投到郵筒，並扮演郵差、寄信人、郵局工作人員。	1. 能依老師的指導製作信封套。 2. 能說出卡片想寄給哪些人。 3. 能說出寄卡片要到郵局寄。 4. 能挑選扮演的角色。 5. 能依老師的指導正確扮演自己的角色。 6. 能說出扮演角色的工作。 7. 能知道寄卡片要貼郵票。				

評量結果：4 代表達成該項目標 75% 以上，3 代表達成該項目標 50%～75%，2 代表達成該項目標 25%～50%，1 代表未達成該項目標 25%。

學習目標：共 7 項，通過項目（指評量較好或很好）共＿＿＿項。

針對特殊幼兒所做的調整：能貼郵票。

延伸活動：「製作母親卡」（請見下一個活動）。

製作母親卡

學習經驗：主動學習、聽及理解、經驗及表達想法、社會學習。

材料：圖畫紙、皺紋紙、膠水、玻璃紙、色紙、彩色筆、剪刀。

教學內容	學習目標	評量結果			
		不會 1	尚可 2	較好 3	很好 4
1. 老師述說母親節的由來。 2. 請幼兒分享母親為孩子做的事。 3. 展示各式母親卡。 4. 老師示範及說明製作卡片的方法。 5. 再讓幼兒自行創作母親卡。	△傾聽（聽及理解1）： 1. 能聆聽母親節的由來。 2. 能說出一個母親為我們做的事。 △操作、轉換及組合材料（主動學習5）： 3. 能用皺紋紙做成花的形狀。 4. 能用玻璃紙和色紙裝飾卡片。 △用繪畫及創作表達自己的想法（經驗及表達想法5）： 5. 能用彩色筆畫上要送給媽媽的禮物。 △讓他人把自己的想法寫下來並讀出來（說4）： 6. 能說出自己想對媽媽說的話，讓老師寫下來。 △能與他人分享（社會學習7）： 7. 能和其他幼兒一起使用工具、材料製作卡片。 8. 能將作品與其他幼兒分享。 9. 能參與收拾的工作。				

評量結果：4 代表達成該項目標 75% 以上，3 代表達成該項目標 50%～75%，2 代表達成該項目標 25%～50%，1 代表未達成該項目標 25%。

學習目標：共 9 項，通過項目（指評量較好或很好）共＿＿＿項。

針對特殊幼兒所做的調整：能說出母親為自己做的事。

延伸活動：將母親卡展示在角落做為母親節的布置。

生活中的線

學習經驗：主動學習、說、經驗及表達想法。

材料：8 種黏在紙卡上的線段（中國繩、緞帶、毛根、魔術帶、網線、毛線、牙線和麻繩）、自製洞洞板（用打洞機打洞）、黑髮夾數支。

教學內容	學習目標	評量結果			
		不會 1	尚可 2	較好 3	很好 4
1. 介紹紙卡上的 8 種線段，讓幼兒觸摸每種不同材質、觸感的線。請幼兒想想是生活中的哪一種線，並說說看。 2. 請幼兒在教室裡找找，哪裡還有線？ 3. 老師將毛線穿過黑髮夾當做針，讓幼兒在紙板上上下下穿洞，請幼兒依序穿線。 4. 老師請幼兒幫忙將各種線段貼在紙上做成迷宮。 5. 讓幼兒互相協助沿著線找到寶物。	1. 能說出觸摸到的線是生活中的哪一種線。 2. 能說出教室中哪裡有線，例如：電風扇的線、電話線與窗簾線等。 3. 能完成上下穿洞。 4. 能協助老師將線貼在紙上做成迷宮。 5. 能互相協助沿著線找到寶物。				

評量結果：4 代表達成該項目標 75%以上，3 代表達成該項目標 50%～75%，2 代表達成該項目標 25%～50%，1 代表未達成該項目標 25%。

學習目標：共 5 項，通過項目（指評量較好或很好）共＿＿＿項。

針對特殊幼兒所做的調整：能說出毛線。

延伸活動：「線畫」（請見下一個活動）。

學習經驗：主動學習、說、經驗及表達想法。

材料：毛線、細線、廣告顏料、布丁杯、湯匙、粉彩紙。

教學內容	學習目標	評量結果			
		不會 1	尚可 2	較好 3	很好 4
1. 介紹材料。 2. 由幼兒一人調一種顏色的顏料合用。 3. 讓幼兒用線浸入杯中的顏料後拿起，放在對摺的粉彩紙一邊，摺好、壓著、拉出線，即完成線畫。 4. 讓幼兒說出自己的線畫內容。	1. 能自選一色廣告顏料，用湯匙舀起放入布丁杯，加水攪拌。 2. 能用毛線或細線放入顏料中，拿出後，在粉彩紙半邊擺好。 3. 能將紙的另外半邊壓過去，拉出線。 4. 能反覆做第二、三步驟。 5. 能說出自己的線畫內容。				

評量結果：4 代表達成該項目標 75% 以上，3 代表達成該項目標 50%～75%，
2 代表達成該項目標 25%～50%，1 代表未達成該項目標 25%。

學習目標：共 5 項，通過項目（指評量較好或很好）共____項。

針對特殊幼兒所做的調整：能選擇廣告顏料的顏色。

延伸活動：將線畫作品展示在角落做為教室布置。

漂亮的手帕

學習經驗：分類、主動學習、聽及理解、說、經驗及表達想法。

材料：宣紙、廣告顏料、水彩筆。

教學內容	學習目標	評量結果			
		不會 1	尚可 2	較好 3	很好 4
1. 先請幼兒摸摸宣紙，問幼兒宣紙摸起來的感覺如何？教導幼兒如何辨別正反面。 2. 說明並示範廣告顏料的用法及用水彩筆的注意事項。 3. 說明並示範「漂亮手帕」的作法。	1. 能說出觸摸宣紙的感覺。 2. 經老師說明後，能分辨宣紙的正反面。 3. 能安靜聆聽老師講解及觀看老師示範廣告顏料的用法。 4. 會使用水彩筆。 5. 會使用顏料。 6. 會換顏色。 7. 會清洗水彩筆。				

評量結果：4 代表達成該項目標 75%以上，3 代表達成該項目標 50%～75%，2 代表達成該項目標 25%～50%，1 代表未達成該項目標 25%。

學習目標：共 7 項，通過項目（指評量較好或很好）共＿＿項。

針對特殊幼兒所做的調整：能選擇廣告顏料。

延伸活動：將手帕展示在角落或自行使用。

竹籤畫

學習經驗：主動學習、聽及理解、說、經驗及表達想法。

材料：圖畫紙、竹籤、白膠、蠟筆、豆子（瓜子）。

教學內容	學習目標	評量結果			
		不會 1	尚可 2	較好 3	很好 4
老師示範如何黏貼竹籤及說明造型設計，然後由幼兒自行操作組合及表達其創作內容。	1. 能專心看老師示範用白膠黏貼竹籤於圖畫紙上。 2. 能自己用白膠黏竹籤於圖畫紙上。 3. 能用拇指、食指拿出豆子。 4. 能將豆子（瓜子）黏貼在塗了白膠的部位。 5. 能用蠟筆在黏好竹籤的紙上彩繪。 6. 能說明自己畫與黏的竹籤圖案內容。				

評量結果：4 代表達成該項目標 75%以上，3 代表達成該項目標 50%～75%，
2 代表達成該項目標 25%～50%，1 代表未達成該項目標 25%。

學習目標：共 6 項，通過項目（指評量較好或很好）共＿＿＿項。

針對特殊幼兒所做的調整：能將竹籤用白膠黏在紙上。

延伸活動：改用其他豆子（例如：紅豆、綠豆、黃豆、葵花子）來製作貼畫。

學習經驗：數、分類、主動學習。

材料：紅豆、綠豆、黃豆、養樂多空瓶、彩色膠帶、色紙、皺紋紙。

教學內容	學習目標	評量結果			
		不會 1	尚可 2	較好 3	很好 4
老師示範如何用豆子製作豆豆鈴，然後讓幼兒使用豆豆鈴，配合音樂打拍子。	1. 能說出豆子名稱。 2. 能拿出 10 顆綠豆（1～10）。 3. 能拿出 20 顆紅豆（1～20）。 4. 能拿出 30 顆黃豆（1～30）。 5. 能將豆子一顆一顆的放入養樂多空瓶。 6. 能將色紙剪成圓形作為瓶蓋。 7. 能用彩色膠帶封瓶。 8. 能用彩帶將瓶子綁起來。 9. 能用鬆緊帶綁成圈圈。 10. 能黏貼色紙、皺紋紙在小瓶子外圍。 11. 能用豆豆鈴發出聲音（手握住指縫處再上下或左右搖出聲音）。 12. 能模仿老師的節奏。 13. 能用豆豆鈴跟隨音樂節奏打拍子。 14. 認識紅豆、綠豆、黃豆。 15. 能用牙籤沾上白膠貼在圖畫紙上構圖。 16. 能用拇指、食指拿出豆子，將豆子（瓜子）黏貼在白膠的部位。				

評量結果：4 代表達成該項目標 75%以上，3 代表達成該項目標 50%～75%，
2 代表達成該項目標 25%～50%，1 代表未達成該項目標 25%。

學習目標：共 16 項，通過項目（指評量較好或很好）共＿＿項。

針對特殊幼兒所做的調整：

  1. 使用湯匙將綠豆舀進小瓶子中。

  2. 用紙將瓶口貼住。

  3. 在小瓶子外黏貼色紙和皺紋紙。

延伸活動：將製作的沙鈴掛在教室做為風鈴或放在角落觀賞。

六、社會及情緒領域活動

　　此部分的活動是為了檢核及增進幼兒社會及情緒能力所設計的課程，藉著這些活動，培養他們與他人相處和領導他人做事的能力。

　　此部分的每項活動都劃分為四個技巧，每個技巧對社會及情緒能力的發展都非常的重要，這樣的劃分有利於教師在活動進行時檢核幼兒的表現。有些幼兒在這些技巧的某些方面，會有很出色的表現，但是從另一方面來說，也有些幼兒會在某些技巧上感到吃力或是缺乏興趣，而需要額外的幫助或鼓勵。

　　在社會及情緒領域開頭的三項活動進行後，教師會很清楚幼兒較強或較弱的技巧是在哪一方面，根據這些結果，即使技巧較弱，教師也可以擬定一套發展計畫（透過 IEP 會議或自行設計），經由修正活動以及日常的生活教學，以提供該幼兒最適合的社會及情緒能力訓練。

　　當教師仔細觀察時，自然能發現幼兒表現出社會及情緒的四個技巧，分別為：

1. 自信：對自己評價高，並對自己的優點和缺點都很了解。
2. 組織能力：能完成既定的計畫，並且投入其中。
3. 敏感度：對他人（如其他幼兒、成人、動物等）表現出照顧和關懷的態度。
4. 說服力：能影響他人，能吸引他人的興趣及參與。

社會及情緒的學習經驗如下：

1. 經驗及表達想法。
2. 主動學習。
3. 和他人談及或分享自己的經驗（說 1）。
4. 表達自己的需求、喜好、感覺（說 3）。

　　下列活動能提供幼兒練習社會及情緒技巧的機會，並對這些技巧感到有信心。具有社會及情緒技巧亦可使幼兒在其他方面表現優異，他們的生活經驗將能表現的更成功，因為他們和他人有較好的人際關係，面臨挑戰和危險時也有較大的信心。

學習經驗：數、主動學習、聽及理解、說、經驗及表達想法、社會學習。
材料：無。

教學內容	學習目標	評量結果			
		不會 1	尚可 2	較好 3	很好 4
1.老師和幼兒討論什麼是「介紹」，並說明「介紹」可以讓我們很快的了解某些事物，如一本書或一首音樂。在介紹自己時，也是為了讓別人了解有關自己的事情。 2.讓幼兒練習互相介紹。每個人都可問對方問題來了解對方，有哪些問題可以使我們較容易了解對方呢？鼓勵幼兒想些不同的問題，例如：你最喜歡的故事或卡通是什麼？你星期日喜歡做些什麼？ 3.⑴將幼兒分成二人一組，告訴他們盡可能了解他們的同伴，以便介紹給其他幼兒。 ⑵告訴幼兒可以這樣介紹，例如一位富想像力的朋友說：「這位是小玲，她喜歡她家的小狗——小黑，她很喜歡看小丸子，因為小丸子很好笑，她做過最困難的事是學習騎二輪的腳踏車。」	1.能提出問題問同伴以獲得需要的訊息。 2.能用句子來介紹自己。 3.能說出謎題中的人物。 4.能依據範例口述一個微友廣告。				

教學內容	學習目標	評量結果			
		不會 1	尚可 2	較好 3	很好 4
(3)讓幼兒互相了解一段時間後，說：「現在讓我們開始互相介紹。」再讓每對幼兒上台向大家彼此互相介紹。					
3. (1)當大家介紹完畢時，測試大家是否對他人有較深刻的了解。					
(2)再以謎題來考幼兒，例如：「我想到一個小女孩，她喜歡爬樹，她最喜歡吃炸雞，她喜歡唱『三輪車』這首歌，這個小女孩是誰？」					
4. (1)最後和幼兒討論登廣告的目的。					
(2)告訴幼兒有時候有人會登廣告來找人幫他們做事。讓幼兒假裝他們要找一位新朋友，他們必須想好在徵友廣告裡要說什麼，讓別人知道這個廣告是在找哪一位幼兒。					
(3)以下提供一個廣告作為例子：「徵一位<u>小女孩</u>，她喜歡<u>畫畫</u>、吃<u>巧克力冰淇淋</u>，而且願意和別人一起<u>騎三輪車</u>。」（畫線部分可以替換）					
(4)讓幼兒先想一下，參考上面的例子，請每位幼兒告訴老師他（她）的廣告詞，當老師檢查他們的廣告詞都正確後，讀給大家聽，然後問廣告詞是指哪一位幼兒。					

評量結果：4 代表達成該項目標 75%以上，3 代表達成該項目標 50%～75%，
2 代表達成該項目標 25%～50%，1 代表未達成該項目標 25%。

學習目標：共 4 項，通過項目（指評量較好或很好）共＿＿項。

針對特殊幼兒所做的調整：能仿說廣告詞。

延伸活動：讓幼兒自我介紹。

推銷計畫

學習經驗：主動學習、聽及理解、說、經驗及表達想法、社會學習、科學。

材料：畫圖用具（紙、簽字筆、蠟筆等）、勞作用具（例如：組合箱、空紙卷、膠帶、剪刀、漿糊等）。

教學內容	學習目標	評量結果			
		不會 1	尚可 2	較好 3	很好 4
1.⑴對幼兒說：「現代社會為了滿足人類的需要，而發明了許多產品。如果沒有發明燈泡，我們在黑暗中很難看清楚；如果沒有發明電話，我們只能和聽得見我們聲音的人講話；因為有人發明眼鏡，所以視力差的人才可以看得清楚。你們能不能想想看，還有什麼發明可以幫人類解決問題。」（讓幼兒討論一會兒） ⑵老師說：「讓我們再想想看，還可以發明什麼東西來幫助人類，試著想一想，可以發明什麼東西讓人們的生活更方便，例如：家人太多而不能擠在同一輛車子時，小朋友能不能想出一種方法可讓全家一起到達目的地？」再提出一些問題激發幼兒想些新的發明，例如：「可以發明什麼新東西，幫助爸爸、媽媽解決他們遇到的問題呢？能不能想出新的發明來幫忙煮飯？什麼	1. 能說出有哪些發明。 2. 能提出問題並想辦法解決。 3. 能獨自製作一個產品。 4. 能設計一個銷售計畫。 5. 能成功的推銷這個產品。				

教學內容	學習目標	評量結果			
		不會 1	尚可 2	較好 3	很好 4
新東西可以幫助行動不便的人走路？而你需要什麼新發明來幫助你自己？」 (3)老師和幼兒討論出一些新點子後，要每位幼兒選擇一樣新發明向別人推銷。 2. 下一步：「現在你們要想辦法做出自己的新產品，我希望每個人製作或畫出他認為最好的新產品。」發給每個幼兒製作工具，並讓大家完成新產品製作，鼓勵幼兒製作出較高創意的產品。 3. 老師說：「現在每個人已製作出一個產品，你們要如何向別人介紹這個產品呢？你們必須想辦法向可能會買它的人推銷，讓我們討論你能用什麼行銷方法或怎樣陳列出你的產品？」鼓勵幼兒想出可能的行銷策略，例如：放在哪裡人們才看得到，或向別人推薦此產品等。 4. (1)最後說：「讓我們先討論大公司如何推銷他們的產品或如何廣告。什麼叫商業廣告？為什麼要有商業廣告？」鼓勵幼兒討論不同的商業廣告，以便銷售他們自己的產品（可先準備一些報紙廣告做為引導）。 (2)下一步要每位幼兒為自己的產品做商業廣告：「先					

教學內容	學習目標	評量結果			
		不會 1	尚可 2	較好 3	很好 4
想想你的產品有什麼優點；什麼人最喜歡這種產品；你要怎麼向別人推銷你的產品，使他買你的東西？」 (3)讓幼兒先想想他們的推銷詞，然後請每位幼兒站到台上推銷自己的產品。					

評量結果：4 代表達成該項目標 75%以上，3 代表達成該項目標 50%～75%，
　　　　　　2 代表達成該項目標 25%～50%，1 代表未達成該項目標 25%。

學習目標：共 5 項，通過項目（指評量較好或很好）共＿＿＿項。

針對特殊幼兒所做的調整：能說出產品名稱。

延伸活動：觀看商業廣告。

學習經驗：空間、主動學習、聽及理解、說、經驗及表達想法、社會學習。
材料：教室內的東西，可用作障礙路線（椅子、講台、書桌、垃圾桶）、眼罩。

教學內容	學習目標	評量結果			
		不會 1	尚可 2	較好 3	很好 4
1.⑴對幼兒說：「今天我們要玩一個新的遊戲，我們要和自己的同伴一起走障礙路線。你們每個人要輪流戴眼罩當盲人，你的同伴將和你一起，並告訴你怎麼做。」 ⑵讓幼兒放置障礙物，問他們要怎麼安排這些障礙物？引導幼兒討論各種安排障礙物的方法。 ⑶討論後，請幼兒幫忙設置障礙路線，討論每一個障礙物的距離等問題。 2.⑴將幼兒分成二人一組，讓其中一人戴上眼罩，並一起通過障礙路線。 ⑵提醒其中看得見的幼兒清楚地引導戴眼罩的伙伴，告訴他：「先想一想怎樣成為一個好的引導者，如何給予有效的指導語，並且如何讓你的伙伴相信你，最重要的是要正確的告訴你的伙伴怎麼做。」 ⑶當幼兒走完障礙路線時，讓幼兒角色互相交換，再走一遍。	1. 能布置障礙路線所需的物品。 2. 戴眼罩者能跟隨帶領者的指示走過障礙路線。 3. 能說出自己當盲人的感覺。 4. 能說出戴眼罩者的需求。				

教學內容	學習目標	評量結果			
		不會 1	尚可 2	較好 3	很好 4
3. 讓幼兒討論自己的經驗。問幼兒：「當你戴上眼罩時，你對你的伙伴的帶領感覺如何？你是否害怕會受傷或撞到東西？」 4. 請他們談談：「當引導者時，怎樣幫助你的伙伴通過障礙路線？」盡可能要他們談得具體一點，問他們如何幫助戴上眼罩的伙伴爬過講桌。					

評量結果： 4 代表達成該項目標 75%以上，3 代表達成該項目標 50%～75%，2 代表達成該項目標 25%～50%，1 代表未達成該項目標 25%。

學習目標： 共 4 項，通過項目（指評量較好或很好）共＿＿＿項。

針對特殊幼兒所做的調整： 能幫忙戴上眼罩。

延伸活動： 嘗試其他的體驗活動，例如：坐輪椅。

學習經驗：空間、主動學習、聽及理解、說、經驗及表達想法、社會學習。

材料：寫著導遊的名牌、錄音筆、黑板和粉筆。

教學內容	學習目標	評量結果			
		不會 1	尚可 2	較好 3	很好 4
1. 問幼兒是否參觀過博物館或其他有導遊的地方？導遊都做些什麼？引導幼兒討論，必要時，解釋導遊的工作是領導一群人參觀一些特定地方，並向團員解說該地方的人、事、物。 2. 告訴幼兒：導遊要指出該地方重要或有趣的特徵並加以解說。導遊還要向團員解說事件發生的緣由，並告訴他們可能發生的情況。導遊解說要清楚且大聲，以便所有團員能聽見並了解他在說什麼。 3. 告訴幼兒今天要來參觀學校，有沒有人願意帶領大家逛一圈，導遊會有一個名牌，有沒有人自願當導遊？ 4. 接著告訴幼兒：「在出發前先讓我們預演一下，如果你要帶一些從未參觀過我們學校的訪客，應先帶他參觀什麼最有趣的地方？再來是哪裡？是否應該先帶他到簡報室，再依序參觀其他地方？你要如何組織這個旅行團？」將幼兒的想法寫在黑板上。	1. 能自願當導遊。 2. 能安排參觀路線。 3. 能問導遊問題。 4. 能對其他幼兒的表現給予正面的肯定。				

教學內容	學習目標	評量結果			
		不會 1	尚可 2	較好 3	很好 4
5. 先請一位幼兒充當導遊帶領其他幼兒，告訴大家：「我們即將出發，跟著導遊並仔細聽他的解說，假裝你從來沒來過這個地方，沿途你可以問導遊一些問題。」 6. 參觀後，請幼兒圍成一個圓圈，先稱讚每個人都扮演的很好，接著問幼兒誰扮演的特別好？你為什麼認為（小華）表現的特別好？（小華）的表現有什麼特別的嗎？					

評量結果：4 代表達成該項目標 75%以上，3 代表達成該項目標 50%～75%，
　　　　　2 代表達成該項目標 25%～50%，1 代表未達成該項目標 25%。

學習目標：共 4 項，通過項目（指評量較好或很好）共 ＿＿ 項。

針對特殊幼兒所做的調整：能說出導遊。

延伸活動：讓幼兒扮演導遊，帶領訪客及新生參觀學校及教室。

學習經驗：時間、空間、主動學習、聽及理解、說、經驗及表達想法、社會學習。

材料：一個幼兒喜歡的故事、表演用的戲服和道具、黑板和粉筆。

教學內容	學習目標	評量結果			
		不會 1	尚可 2	較好 3	很好 4
1. (1)問幼兒喜歡哪些故事，將幼兒所提的故事一一寫在黑板上。當人們真正喜歡一個故事的時候，會把故事的情節表演出來，這種以表演來述說故事的方式稱為戲劇。告訴幼兒現在要表演一齣戲劇。 (2)對幼兒說：「表演前的第一步是選定要表演的內容，例如：要怎麼表演？要表演多久？有多少角色？劇情應如何安排等問題。」 (3)將黑板列出的故事依次討論（一次討論一個故事），讓幼兒說出他為何選擇這故事作為表演的題材？ (4)討論完每一個故事後，讓幼兒舉手表決他們要表演的故事。 2. 對幼兒說：「在選出故事劇本後，接下來要分配角色，並且決定由誰來扮演這些角色。」先在黑板上寫出所有	1. 能說出最喜歡的故事。 2. 能說出故事中的角色由誰扮演。 3. 能協助準備道具。 4. 能扮演分配到的角色。				

教學內容	學習目標	評量結果			
		不會 1	尚可 2	較好 3	很好 4
的角色。讓幼兒討論其角色應該由誰扮演。鼓勵幼兒去思考如何扮演每種角色、每種角色比重、誰扮演較適合等。把最後的結論寫在黑板上。 3. 幫助幼兒設定工作的時間表，例如：在戲劇開演之前，哪些工作必須先完成？可以提供一些衣服及道具來給幼兒，但讓他們決定如何使用它們。 4. 表演。					

評量結果：4 代表達成該項目標 75%以上，3 代表達成該項目標 50%～75%，
2 代表達成該項目標 25%～50%，1 代表未達成該項目標 25%。

學習目標：共 4 項，通過項目（指評量較好或很好）共＿＿＿項。

針對特殊幼兒所做的調整：能說出故事名稱。

延伸活動：過些天讓幼兒扮演其他角色，鼓勵他們表演給他們的父母或其他
班的幼兒看。

我是一位老師

學習經驗： 主動學習、聽及理解、說、經驗及表達想法、社會學習。

材料： 無。

教學內容	學習目標	評量結果			
		不會 1	尚可 2	較好 3	很好 4
1. 問幼兒：「什麼是老師？老師做些什麼事？」然後說：「老師就是說明或指導別人如何去做事情的人。如果你們有機會做老師，想想看你們想教什麼？但是，必須記住當你教別人的時候，你要確定你是否真正了解如何去教你所要教的內容。」和幼兒討論他們可以教的項目，例如：一首兒歌、畫圖、運動、摺紙，或玩一項樂器等，給幼兒充裕時間去決定他們想教的技巧，然後表演要教的技巧。 2. 與幼兒討論如何讓別人對他所教的東西產生興趣，例如：他可以先做介紹，並指出學習這些活動的好處。給每一位幼兒機會去說服其他幼兒對學習某些技巧產生樂趣。 3. 向幼兒說明教學前思考及事先計畫的重要性，給幼兒幾分鐘去安排他們的講稿，必要時提供一些幫助。然後問誰有意願做第一位「老師」，鼓勵幼兒詳細說明他們的目標，然後讓每一位幼兒輪流扮演老師。	1. 能在群眾前表現他的技巧。 2. 能說服其他幼兒嘗試新的活動。 3. 能說出教學的目標。 4. 能說出要講的內容。 5. 能說出誰教的最好？為什麼。 6. 能說出誰的教學技巧較好。 7. 能說出誰的課程最清楚。 8. 能接受別人的批評。				

教學內容	學習目標	評量結果			
		不會 1	尚可 2	較好 3	很好 4
4. 在每一個人當過老師之後，討論教學的情形：誰教的最好？為什麼？是不是有些人的教學技巧較好？是不是有些老師在課程組織上做的較好？下一位應如何改進？					

評量結果：4 代表達成該項目標 75%以上，3 代表達成該項目標 50%～75%，
　　　　　2 代表達成該項目標 25%～50%，1 代表未達成該項目標 25%。

學習目標：共 8 項，通過項目（指評量較好或很好）共＿＿＿項。

針對特殊幼兒所做的調整：能指認學校的老師。

延伸活動：輪流當小老師。

太空的意外

學習經驗：主動學習、聽及理解、說、經驗及表達想法、社會學習。

材料：無。

教學內容	學習目標	評量結果			
		不會 1	尚可 2	較好 3	很好 4
1. 告訴幼兒下面的故事：「從前有一群人到外太空旅行，突然間他們聽到很恐怖的吵雜聲，同時太空船震動得很嚴重，因此太空船必須降落在某一個地方，但是到底要降落在什麼地方呢？他們突然看到遠方有一顆星球，大家都歡呼起來，原來太空船就準備登陸在那星球。」「大家都很高興，太空船終於安全登陸了，他們只能坐在太空船內向外看，這時有人建議出去勘查並尋求援助。」（停頓一會）讓幼兒體會一下這些太空旅行者的處境。「他們應離開太空船還是留在太空船呢？」鼓勵幼兒說出自己的看法，並討論每種看法的可行性。 2. 繼續前述的故事：「這些旅行家終於決定離開太空船，但是他們對這個星球一無所知，他們需要準備哪些東西呢？」 （再停頓一下）鼓勵幼兒討論在這陌生的星球，他們需要哪些東西，才再問幼兒：「如果星球上沒有空氣和水	1. 能說出自己的看法並說服別人。 2. 能對計畫的組織提供意見。 3. 能了解其他人的恐懼。 4. 能對故事做結論並向大家說明。				

教學內容	學習目標	評量結果			
		不會 1	尚可 2	較好 3	很好 4
要怎麼辦？食物問題要怎麼解決？他們又要如何在星球行進？」 3. 繼續說故事：「這時有一個孩子開始哭叫起來，他害怕他將永遠回不了家。」讓幼兒討論他們應如何安撫這個孩子，想一些可以安慰這小孩的方法。 4. 再繼續說故事：「在大家安靜下來後，有部分的人決定他們要立即離開太空船，他們開始準備工具，正當他們向外看時，他們看到了一隻巨獸。」讓幼兒想想故事的結局會是如何。「接下來會發生什麼事情？這些人是否能平安回家？」鼓勵每個幼兒說出他們認為故事會怎麼樣結束。					

評量結果：4 代表達成該項目標 75% 以上，3 代表達成該項目標 50%～75%，2 代表達成該項目標 25%～50%，1 代表未達成該項目標 25%。

學習目標：共 4 項，通過項目（指評量較好或很好）共＿＿＿項。

針對特殊幼兒所做的調整：能聽故事。

延伸活動：觀賞太空救難影片。

我的喜怒哀樂（一）

學習經驗：分類、主動學習、聽及理解、說、經驗及表達想法、社會學習。

材料：「表情先生」布書（小凱撒）、繪本《你的心情好嗎？》（維京）、表情貼紙、鏡子、學習單、彩色筆、《How do you feel？我的喜怒哀樂認知學習硬頁書》（Lavida）。

教學內容	學習目標	評量結果 不會 1	尚可 2	較好 3	很好 4
1. 老師問幼兒：「當你高興的時候是什麼樣的表情？生氣的時候、傷心的時候……」請幼兒說說看。 2. 老師打開「喜怒哀樂認知學習圖畫書」，問幼兒圖片的主角是誰，如果圖片上的主角是自己的話，會怎麼樣，並請幼兒做做看。 3. 取出「表情先生」布書，請另一位老師幫忙做出高興的表情（故意放成傷心的表情貼紙讓幼兒修正）。 4. 讓幼兒繪出自己的表情名稱，例如：我很高興（表示喜悅的圖案），再由老師協助寫出。	1. 能依指令做出各種表情。 2. 能說出圖片上的主角是猴子。 3. 能說出圖片主角的心情。 4. 能做出圖片上人物的表情。 5. 能對「表情先生」布書感興趣。 6. 能放對表情貼紙。 7. 能畫出表情並說出表情名稱。				

評量結果：4 代表達成該項目標 75%以上，3 代表達成該項目標 50%～75%，2 代表達成該項目標 25%～50%，1 代表未達成該項目標 25%。

學習目標：共 7 項，通過項目（指評量較好或很好）共＿＿項。

針對特殊幼兒所做的調整：能模仿表情。

延伸活動：「我的喜怒哀樂（二）」（請見下一個活動）。

我的喜怒哀樂（二）

學習經驗：時間、空間、主動學習、聽及理解、說、寫、經驗及表達想法、
社會學習。

材料：「表情先生」布書（小凱撒）、鏡子、「情緒臉譜」（《圖卡媒材在
遊戲治療上之應用》，麗文）、筆。

教學內容	學習目標	評量結果			
		不會 1	尚可 2	較好 3	很好 4
1. 唱歌謠：「假如你很高興（或生氣……）」老師就裝笑臉（或生氣臉……），請幼兒做表情。 2. 依序呈現「情緒臉譜」，請幼兒說出每一個臉譜中的表情，再和幼兒分享自己高興的、生氣的、傷心的事，並讓幼兒分辨喜、怒、哀、樂。 3. 請幼兒拿出帶來的鏡子，對著鏡子裝出各種不同表情後照照看，並畫出自己最愛的表情，再由老師協助寫出自己的心情想法，例如：為了什麼事會傷心、高興……。	1. 能唱歌謠。 2. 能聽歌謠指令做正確的表情。 3. 能模仿做表情。 4. 能說出臉譜中的表情。 5. 能分享自己高興的、生氣的、傷心的事。 6. 能對著鏡子做表情。 7. 能分辨自己的表情是喜、怒、哀、樂。 8. 能畫出鏡子中的表情。 9. 能說出自己畫出的表情名稱，例如：我很生氣。				

評量結果：4 代表達成該項目標 75%以上，3 代表達成該項目標 50%～75%，
2 代表達成該項目標 25%～50%，1 代表未達成該項目標 25%。

學習目標：共 9 項，通過項目（指評量較好或很好）共＿＿＿項。

針對特殊幼兒所做的調整：做出表情就可，不需畫出。

延伸活動：「我的情緒」（請見下一個活動）。

我的情緒

學習經驗：主動學習、聽及理解、說、經驗及表達想法、社會學習。

材料：「情緒臉譜」（《圖卡媒材在遊戲治療上之應用》，麗文）、學習單。

教學內容	學習目標	評量結果			
		不會 1	尚可 2	較好 3	很好 4
1. 老師做出各種表情讓幼兒模仿，說出什麼事會高興及生氣。 2. 讓幼兒用「情緒臉譜」標示自己的情緒。 3. 讓幼兒在學習單上做語詞與情緒的配對。	1. 能模仿老師臉上的表情。 2. 能說出老師臉上表情所代表的意義。 3. 能說出自己會為何事高興、何事生氣。 4. 能用「情緒臉譜」標示自己的情緒。 5. 會做語詞與情緒的配對。				

評量結果：4 代表達成該項目標 75%以上，3 代表達成該項目標 50%～75%，
　　　　　　2 代表達成該項目標 25%～50%，1 代表未達成該項目標 25%。

學習目標：共 5 項，通過項目（指評量較好或很好）共＿＿項。

針對特殊幼兒所做的調整：

　　　　　1. 模仿老師臉上表情即可。

　　　　　2. 說出作業單上圖片的情緒。

延伸活動：介紹心情音樂，抒發幼兒的情緒。

學習單

請說出每一張臉代表的情緒，再找到正確的語詞連一連。

●　　　　　　　　　　　　　　　●

生氣　　　快樂　　　　悲傷　　喜歡

●　　　　　　　　　　　　　　　●

學習經驗：時間、空間、主動學習、聽及理解、說、經驗及表達想法、社會
　　　　　學習。

材料：白板和白板筆、各種角色名牌：表演主持人、小丑、特技演員、走鋼
　　　索演員、魔術師（活動結束時再拿出來）。

教學內容	學習目標	評量結果			
		不會 1	尚可 2	較好 3	很好 4
1.(1)老師說：「我曾經看過你們以前的表演，我認為你們可以表演得更好，我們可以組成一個馬戲團。你們看過馬戲團表演嗎？馬戲團有哪些表演者？」（討論一段時間） (2)要每個人想想應包括哪些表演者？可以再問問他們：「你們同意（小丑）應該加入我們的馬戲團嗎？」以鼓勵他們再進一步討論。 2.(1)老師說：「我們需要一個表演主持人，他要很仔細的介紹每一個表演，例如：他要告訴觀眾，現在出場表演的是最精采、最神奇、最有名的頑皮家族，將為您表演驚人的特技！」 (2)鼓勵幼兒（一次一個）站在台前扮演節目主持人，必要時再給予協助。 3.接著說：「我們有了主持人，現在來決定其他表演	1. 能說服別人接受幼兒自己的意見。 2. 能向大家宣布幼兒自己的行動。 3. 能評論他人。 4. 能提出策劃節目的建議。				

| 教學內容 | 學習目標 | 評量結果 ||||
		不會 1	尚可 2	較好 3	很好 4
者。」將表演角色寫在黑板上，並由大家決定誰最適合扮演哪個角色，鼓勵每位幼兒仔細觀察，當每位表演者試演完畢後，分配名牌給他們。 4. 最後對幼兒說：「表演的順序對整個節目有很大的影響，當表演內容排定後，節目策劃者必須安排每項節目的順序，通常在一開始先安排較吸引人的表演以吸引觀眾，最精采的節目最好放在壓軸，以便觀眾覺得值回票價。」讓幼兒決定如何安排他們的節目，把他們的意見寫在白板上，鼓勵幼兒決定節目單和出場順序，節目安排完畢後，就讓幼兒依原定節目演出。					

評量結果： 4 代表達成該項目標 75% 以上，3 代表達成該項目標 50%～75%，2 代表達成該項目標 25%～50%，1 代表未達成該項目標 25%。

學習目標： 共 4 項，通過項目（指評量較好或很好）共　　　項。

針對特殊幼兒所做的調整： 能說出看過的表演。

延伸活動： 觀賞馬戲團表演影片。

七、大動作領域活動

　　此部分的活動是為了檢核及增進幼兒大動作能力所設計的課程，藉著這些活動，培養他們的大動作技巧。

　　此部分的每項活動都劃分為四個技巧，每個技巧對大動作能力的發展都非常的重要，這樣的劃分有利於教師在活動進行時檢核幼兒的表現。有些幼兒在這些技巧的某些方面，會有很出色的表現，但是從另一方面來說，也有些幼兒會在某些技巧上感到吃力或是缺乏興趣，而需要額外的幫助或鼓勵。

　　在大動作領域開頭的二項活動後，教師會很清楚幼兒較強或較弱的技巧是在哪一方面，根據這些結果，可以修改其餘的活動以及日常的生活教學，以提供該幼兒最適合的大動作能力訓練。

　　大動作能力四個技巧的劃分方式如下：

1. 協調性：在進行各種體能活動時，具平衡感、節奏感，以及控制的能力；在大動作的活動上，對於規則性或移動性的目標，其手臂與腳的動作能配合的很好。
2. 堅持度：具備充分的體力和耐力去做各種不同的活動，並且能持續不同的時間長度。
3. 富於表現：在做各種動作時，有很豐富的想像力和創造力。
4. 敏捷：在進行體能活動時，動作輕快靈活，有彈性。

　　這部分的活動是以有趣的方式，讓幼兒有機會加強大動作的技巧，這對於動作能力的提升有所幫助。知動能力對於幼兒有各方面的益處，它可以運用在好幾種不同的職業上，也可以做創造性或娛樂性的活動，對於日常生活中需要力氣和協調性的工作也很有用處。當教師幫助幼兒對自己的體能有信心時，同時也幫助幼兒建立了穩固而健康的自我概念。

鏡中影像

學習經驗：主動學習、聽及理解、社會學習。

材料：大鏡子、圍巾、球、膠帶。

教學內容	學習目標	評量結果			
		不會 1	尚可 2	較好 3	很好 4
1. 將幼兒集合到鏡子的旁邊，告訴幼兒：「從前有一個小女孩好傷心，因為沒有人可以陪她玩，外面又下雨也不能去外面玩；而她也玩膩了那些舊玩具，於是她到媽媽的房間，看到牆上掛著一樣東西。當小女孩笑的時候，她看到有一個人跟著她笑；當她跳高時，那個人也跟著跳高；當她向前走一步，那個人也向前走一步。」問幼兒那小女孩是看到什麼東西呢？ 2. 向幼兒解釋：「當我們照鏡子的時候，鏡子的影像會做和我們一樣的動作。」讓每一位幼兒都有機會輪流照鏡子。 3. 將幼兒分成兩人一組，告訴幼兒：「假裝每一個人手中都有一面鏡子，你的同伴就是你的影像。」讓幼兒兩人面對面輪流當鏡子，另一人則做出和對方一模一樣的動作。 4. 假裝側著照鏡子，將小明的右腳和小英的左腳綁在一起，當小明的腳向前一步，	1. 能說出看到的物品是鏡子。 2. 能裝出一種表情。 3. 能模仿別人的表情。 4. 能玩二人三腳的遊戲並快速移動。 5. 能將球丟給對方。 6. 能接住對方丟的球。 7. 能持續跳躍一段時間。				

教學內容	學習目標	評量結果			
		不會 1	尚可 2	較好 3	很好 4
小英的腳會如何呢？對了，會向前一步，現在把隊伍排起來，玩兩人三腳的遊戲。 5. 每一組發一顆球，讓幼兒將球以不同方式丟給他的「影像」，例如：背對背左右排開、站得很遠、站得很近。 6. 兩人面對面，做難度較高的動作，持續跳幾下，看「影像」是否可以配合。					

評量結果：4 代表達成該項目標 75%以上，3 代表達成該項目標 50%～75%，
　　　　　　2 代表達成該項目標 25%～50%，1 代表未達成該項目標 25%。

學習目標：共 7 項，通過項目（指評量較好或很好）共＿＿＿項。

針對特殊幼兒所做的調整：能說出鏡子。

延伸活動：到有鏡子的地方（例如：舞蹈教室）上體能課。

學習經驗：數、分類、空間、主動學習。

材料：大沙包 6 個、小沙包 30 個、小水桶。

教學內容	學習目標	評量結果			
		不會 1	尚可 2	較好 3	很好 4
1. 先由沙包的由來介紹中國童玩。 2. 用沙包做顏色的序列複習。 3. 讓幼兒觀察老師丟沙包的技巧並練習。 4. 玩沙包丟水桶比賽。	1. 會說出老師手中的東西（沙包）名稱。 2. 會說出沙包顏色。 3. 能將沙包做顏色序列。 4. 會丟接沙包 1 至 6 個。 5. 會在一定距離內將沙包丟入水桶內。				

評量結果：4 代表達成該項目標 75% 以上，3 代表達成該項目標 50%～75%，2 代表達成該項目標 25%～50%，1 代表未達成該項目標 25%。

學習目標：共 5 項，通過項目（指評量較好或很好）共＿＿＿項。

針對特殊幼兒所做的調整：能丟沙包。

延伸活動：將數個沙包放在角落讓幼兒探索。

伍、幼兒活動評量與教學計畫 （中班）

　　使用幼兒活動評量與教學計畫的目的，是希望能讓教師記錄孩子在這一年來於七個領域活動的學習情形，並提供家長參考。活動具體劃分為八個領域，即認知、科學、數學、語文、精細動作、社會及情緒、大動作，每一個活動都要進行評量，教師可根據幼兒在七個領域的活動表現情形，記錄其學習目標通過的結果。在這份「幼兒活動評量表」中，第一欄是活動名稱，第二欄是該活動的學習目標內容，第三欄是評量狀況，教師可於通過（指的是評量較好或很好的部分）、未通過或未參加欄中勾選；每一個活動下方都有「學習目標通過小計／學習目標通過率」一欄，可供教師計算通過目標的數量以及通過率（即通過目標數量除以所有目標數量）。中班的幼兒活動評量表如下。

幼兒活動評量表（中班）

【認知領域】

活動名稱	目標	評量狀況		
		通過	未通過	未參加
住在樹上的動物	1. 能說出老虎住的地方。			
	2. 能說出住在樹上的動物至少一種（例如：猴子）。			
	3. 能專心聽老師介紹書中故事。			
	4. 能說出老虎為什麼會在樹上。			
	5. 說出學習單上的動物名稱。（二種以上）			
	6. 能將老師給予的動物圖片與住的地方連在一起。			
目標通過小計／目標通過率：_____／_____				

活動名稱	目標	評量狀況		
		通過	未通過	未參加
烏龜的家	1. 能說出老師手中所拿的書上之圖片名稱。			
	2. 能指出烏龜的頭、身體（殼）、四肢（腳）、尾巴。			
	3. 能說出烏龜的家，有的在陸地上，有的在海裡。			
	4. 能說出陸龜和海龜腳的不同處。（海龜像魚的鰭一樣，能快速游泳）			
	5. 能說出烏龜是由烏龜蛋孵出來。			
	6. 能用膠帶將布丁盒外面貼上圖畫紙、色紙、膠帶做成烏龜。			
目標通過小計／目標通過率：_____／_____				

活動名稱	目標	評量狀況		
		通過	未通過	未參加
沙漏計時	1. 會說出沙漏的顏色。			
	2. 能說出三種沙漏的沙流完的時間。			
	3. 會描述沙漏的快慢。			
	4. 能翻轉沙漏。			
	5. 能說出哪一種沙漏的沙流得快。			
	6. 能用色紙捲成漏斗狀。			
	7. 能使用膠帶（台）。			
	8. 能做出各種不同大小樣式（洞）的沙漏。			
	9. 能說出沙漏的洞小、漏得慢。			
	10. 能說出沙漏的沙量少、漏得快。			
	目標通過小計／目標通過率：_____／_____			

活動名稱	目標	評量狀況		
		通過	未通過	未參加
一日的計畫	1. 能聆聽老師介紹繪本：《貝貝的每一天》。			
	2. 能回答貝貝遭遇什麼困難。			
	3. 能說出貝貝是隻無尾熊女孩。			
	4. 能說出貝貝一天做了些什麼。			
	5. 能說出自己今天在角落時間做了什麼。			
	6. 能說出今天下午去戶外場要做什麼。			
	7. 能說出作業單上的時間是幾點。			
	8. 能說出自己計畫在哪個時間做什麼。			
	目標通過小計／目標通過率：_____／_____			

活動名稱	目標	評量狀況		
		通過	未通過	未參加
學校的一天	1. 能指出分針及時針。			
	2. 能讀出時鐘 1 至 12 之數字。			
	3. 能說出時針指向 1、分針指向 12 時，稱為 1 點鐘。			
	4. 能模仿老師把時鐘撥到幾點。			
	5. 能依指令把時鐘撥到幾點。			
	6. 看著時鐘說出這是幾點鐘。			
	7. 能說出在學校的作息順序。			
	8. 能唸出學習單上的作息時間。			
	9. 能將時鐘圖剪下貼到對應的作息時間。			
	目標通過小計／目標通過率：_____／_____			

活動名稱	目標	評量狀況		
		通過	未通過	未參加
畫半天學校生活	1. 能說出早上的活動項目（依順序）：角落時間→戶外時間→點心時間→小組時間→大團體時間→午餐→放學。			
	2. 能將相片按時間順序排列。			
	3. 能寫出每一段作息的開始時間。			
	4. 能將每一段作息時間剪下貼在圖畫紙上。			
	5. 能在貼好作息表的圖畫紙上，依每一段時間畫下自己所做的活動，例如：角落時間玩積木造型就畫積木，戶外場玩溜滑梯就畫溜滑梯（若不能用畫的，可用說的來表示）。			
	目標通過小計／目標通過率：_____／_____			

活動名稱	目標	評量狀況		
		通過	未通過	未參加
符號遊戲（一）	1. 能安靜聆聽老師說故事。			
	2. 能說出卡片內的圖形意義。			
	3. 能說出常見符號的意義及出現的地點，例如：男女廁所的符號、加油站加油的符號。			
	4. 能說出自己想設計的符號內容。			
	5. 能畫出自己設計的符號，例如：禁殺野生動物、禁止踐踏草皮。			
	6. 能夠和其他幼兒分享自己設計的內容。			
	目標通過小計／目標通過率：_____／_____			

活動名稱	目標	評量狀況		
		通過	未通過	未參加
符號遊戲（二）	1. 能記得 3 張以上的符號卡。			
	2. 能比較誰最多、誰最少。			
	3. 能聆聽狀況，適時呈現手上正確的符號卡片。			
	4. 能嘗試設計號誌。			
	5. 能正確使用膠水、膠帶。			
	6. 能將號誌卡貼在頭上。			
	7. 能參與扮演遊戲。			
	8. 能知道號誌代表的意義並遵守。			
	9. 能收拾整理。			
	目標通過小計／目標通過率：_____／_____			

活動名稱	目標	評量狀況		
		通過	未通過	未參加
交通號誌（一）	1. 能聆聽老師說故事。			
	2. 能注視呈現的號誌。			
	3. 能嘗試找出自己認識的號誌。			
	4. 能說出△是注意標誌。			
	5. 能說出圓形是禁止標示。			
	6. 能做號誌配對（找出和老師一樣的）。			
	7. 能用形狀做號誌分類。			
	8. 能參與討論並發表。			
	9. 能說出手上的號誌卡內容。			
	10. 能知道何種號誌易在何處看到。			
	11. 能憑記憶依序說出 3 張號誌卡內容。			
目標通過小計／目標通過率：_____／_____				

活動名稱	目標	評量狀況		
		通過	未通過	未參加
交通號誌（二）	1. 能聆聽老師講《兔子先生去散步》的故事。			
	2. 能依書中的號誌猜測兔子會往何處去。			
	3. 能說出在《妖怪交通號誌》繪本中看到的交通號誌。			
	4. 能在交通號誌卡學習單上圈出自己認識的號誌。			
	5. 能向老師或其他幼兒說明交通號誌代表的意義。			
目標通過小計／目標通過率：_____／_____				

活動名稱	目標	評量狀況		
		通過	未通過	未參加
陸上交通	1. 能聆聽老師說故事。			
	2. 能至少說出三種交通工具的名稱及在哪兒看到。			
	3. 能說出書上未提及的車輛名稱及在哪兒看到。			
	4. 能說出陸上交通標誌及其形狀。			
	5. 能畫出紅綠燈。			
	6. 能依玩具特性操作玩具：上發條或將車推動。			
	目標通過小計／目標通過率：＿＿＿＿／＿＿＿＿			

活動名稱	目標	評量狀況		
		通過	未通過	未參加
空中交通工具	1. 會將老師提供的玩具飛機及直升機與交通工具圖卡做配對。			
	2. 看到熱氣球圖片，會說出熱氣球。			
	3. 會說出多種空中的交通工具。			
	4. 會說出欲到何處必須搭飛機。			
	5. 會比較直升機和飛機的不同，例如：在機翼和螺旋槳位置。			
	6. 會知道欲搭飛機應到飛機場。			
	7. 能聽故事。			
	8. 能玩各種飛機。			
	目標通過小計／目標通過率：＿＿＿＿／＿＿＿＿			

活動名稱	目標	評量狀況		
		通過	未通過	未參加
走迷宮	1. 能注意聆聽老師說明。			
	2. 能找出起點及出口。			
	3. 能選擇搭檔。			
	4. 能用車子走迷宮圖。			
	5. 能從起點走至出口。			
	6. 能說出迷宮圖上有哪些交通工具。			
	7. 能輪流。			
	8. 能合作完成走迷宮。			
	目標通過小計／目標通過率：＿＿＿＿／＿＿＿＿			

活動名稱	目標	評量狀況		
		通過	未通過	未參加
逗趣迷宮	1. 能走有明顯出口之迷宮。			
	2. 能走連續彎路之迷宮。			
	3. 能合作完成走迷宮。			
	4. 能聆聽製作注意事項。			
	5. 能構思自己的迷宮圖。			
	6. 能說明自製迷宮的起點及終點（例如：小明找車子）。			
	7. 能用不同的方式（繪畫、蓋印或貼紙）裝飾迷宮圖。			
	8. 能分享製作迷宮的方式和心得。			
	目標通過小計／目標通過率：＿＿＿＿／＿＿＿＿			

活動名稱	目標	評量狀況		
		通過	未通過	未參加
認識拼圖	1. 能說出老師手上的拼圖名稱。			
	2. 能說出各種拼圖呈現的內容。			
	3. 能說出自己手上的拼圖是什麼做的及片數。			
	4. 能說出拼圖的材質。			
	5. 能將自己手上的拼圖片放回原來的盒子中。			
	6. 能選擇一種拼圖來玩。			
	7. 能完成拼圖並說出內容。			
	8. 能與其他幼兒交換拼圖玩。			
	目標通過小計／目標通過率：＿＿＿＿／＿＿＿＿			

活動名稱	目標	評量狀況		
		通過	未通過	未參加
比長短（三）	1. 能觀察並指出長線。			
	2. 能觀察並指出短線。			
	3. 能操作 3 條線並由長排到短。 ＿＿＿＿＿＿＿＿＿ ＿＿＿＿＿＿＿ ＿＿＿			
	4. 能指出 3 條線中誰最長。			
	5. 能指出 3 條線中誰最短。			
	6. 能依指示找出最長的數棒。			
	7. 能依指示找出最短的數棒。			
	8. 能依長度排列數棒。			
	9. 能依指示找出最長的接龍小方塊。			
	10. 能將 2 根數棒組合成一樣長。			
	11. 能說出長度相差多少。 ——1 根 ———2 根 ———3 根			
	12. 能逐一排列各類材料。			
	目標通過小計／目標通過率：＿＿＿＿／＿＿＿＿			

活動名稱	目標	評量狀況		
		通過	未通過	未參加
認識安全玩具	1. 能操作玩具並與他人交換玩。			
	2. 能說出自己手上玩具的玩法。			
	3. 能說出玩具如何分類。			
	4. 能說出如何愛護玩具。			
	5. 能用手摹寫 ST（安全玩具）。			
	6. 能在玩具或盒子上找到 ST 標誌，知道它代表的意義。			
	7. 能說出如何收拾玩具。			
	8. 能將玩具收好放回自己的工作櫃或交給老師。			
目標通過小計／目標通過率：＿＿＿＿／＿＿＿＿				

活動名稱	目標	評量狀況		
		通過	未通過	未參加
好玩的玩具	1. 能自己選擇玩具。			
	2. 能自行操作玩具及探索玩法。			
	3. 能與其他幼兒交換玩具。			
	4. 能在操作後說出自己玩的玩具名稱。			
	5. 能說出自己玩具的玩法。			
	6. 能說出電池的用途（有電）。			
	7. 能將玩具依發動方式分類：(1)電池類；(2)發條類；(3)按鈕類。			
	8. 能正確操作每一種玩具。			
	9. 能與其他幼兒分享。			
目標通過小計／目標通過率：＿＿＿＿／＿＿＿＿				

活動名稱	目標	評量狀況		
		通過	未通過	未參加
環與半環	1. 會將環（一個圓環、半個圓環）放在手中或身上操弄。			
	2. 會分辨圓環的大小（大、中、小）。			
	3. 會說出圓環的顏色。			
	4. 能說出「c」為半個圓環。			
	5. 能利用手中的數個環（圓環、半環）排列組合出各式圖案。			
	6. 能說出自己所排列組合的是何物。			
	目標通過小計／目標通過率：＿＿＿＿＿／＿＿＿＿＿			

活動名稱	目標	評量狀況		
		通過	未通過	未參加
另一半在哪裡	1. 能專心聆聽老師說故事。			
	2. 能說出故事大意。			
	3. 能回答問題（與故事有關）。			
	4. 能依觸覺猜出物品名稱。			
	5. 能將圖片組合在一起。			
	6. 能說出圖片名稱。			
	7. 能畫出物品。			
	8. 能說出用手還是用眼睛比較能猜出物品。			
	目標通過小計／目標通過率：＿＿＿＿＿／＿＿＿＿＿			

活動名稱	目標	評量狀況		
		通過	未通過	未參加
對稱	1. 能聆聽老師說故事。			
	2. 可以說出看到的五官。			
	3. 能夠知道對稱的概念。			
	4. 能說出對稱的物品。			
	5. 能畫出對稱的物品。			
	6. 能說出自己的畫是否對稱。			
	目標通過小計／目標通過率：_____／_____			

活動名稱	目標	評量狀況		
		通過	未通過	未參加
部分與全部	1. 能說出被布遮住的物品。			
	2. 能在圓形板中猜出圖片名稱。			
	3. 能在三角形板中猜出圖片名稱。			
	4. 能在長方形板中猜出圖片名稱。			
	5. 能完成拼圖中的 3 片拼圖。			
	6. 能完成拼圖中的 6 片拼圖。			
	7. 能完成學習單。			
	目標通過小計／目標通過率：_____／_____			

活動名稱	目標	評量狀況		
		通過	未通過	未參加
部分與整體	1. 能說出桌上每一樣水果的名稱。			
	2. 能數一數後說出每一種水果的數量。			
	3. 能在透過感官經驗後，說出水果的顏色、形狀、味道。			
	4. 能在手放進魔術袋摸摸看時說出水果名稱。			
	5. 能在第二次摸摸看時，說出是跟誰手上的水果相同。			
	6. 在切開果肉時，能說出是哪一種水果的果肉。			
	目標通過小計／目標通過率：_____／_____			

活動名稱	目標	評量狀況		
		通過	未通過	未參加
我的身體（一）	1. 能指出拼圖上的身體部位： (1)頭。 (2)手。 (3)腳。			
	2. 能將拼圖組好。			
	3. 能念出字卡： (1)頭。 (2)手。 (3)腳。			
	4. 能用「這是……」造句（例如：這是我的手）。			
	5. 能將字與圖配對。			
	目標通過小計／目標通過率：_____／_____			

活動名稱	目標	評量狀況		
		通過	未通過	未參加
我的身體（二）	1. 能說出娃娃的身體部位。			
	2. 能將娃娃身上的部位在自己身上指出			
	3. 能說出娃娃的身體部位在身體上的功能。			
	4. 能將各部位拼好，完成一完整之圖案。			
	5. 能將臉部加上五官及著色。			
	目標通過小計／目標通過率：_____／_____			

活動名稱	目標	評量狀況		
		通過	未通過	未參加
人體大奇航	1. 能聆聽老師說故事。			
	2. 能聽老師口令摸身體部位至少 3 個。			
	3. 能指出胸部、肚子的不同位置。			
	4. 能專心看書中圖片。			
	5. 能專心聽老師說明心肺的位置、形狀、數量、功能。			
	6. 能回答老師問題： (1)胸部有什麼器官？ (2)人有幾個心臟？幾個肺臟？ (3)心臟在做什麼？ (4)肺臟在做什麼？			
	7. 能拼人體拼圖（男孩及女孩）。			
	8. 能用醫務組（玩具）操作聽診器及針筒。			
目標通過小計／目標通過率： _____／_____				

活動名稱	目標	評量狀況		
		通過	未通過	未參加
生病看醫生	1. 能說出自己的身體曾經有過哪些病痛。（肚子痛、頭痛、牙痛等）			
	2. 能使用聽診器做出為病人聽診的動作。			
	3. 會拿起針筒做出為病人打針的動作。			
	4. 能使用血壓計，將布黏貼在手臂部分，用手擠壓充氣。			
	5. 能說出藥袋上有哪些資料。			
	6. 會將藥包在色紙內。			
	7. 會將藥包放入藥袋。			
目標通過小計／目標通過率： _____／_____				

活動名稱	目標	評量狀況		
		通過	未通過	未參加
蠶寶寶長大了	1. 能主動觀察繪本中的圖片。			
	2. 能專心聆聽故事。			
	3. 能專心觀賞影片。			
	4. 能說出蠶寶寶與毛毛蟲的不同。（蠶寶寶是白色的，毛毛蟲有各種顏色）			
	5. 能在欣賞完影片後，說出蠶變蛾的過程。（蠶→吃桑葉→吐絲→繭→蛾→產卵→……）			
	目標通過小計／目標通過率：_____／_____			

活動名稱	目標	評量狀況		
		通過	未通過	未參加
人類生長史（一）	1. 能聆聽老師說故事。			
	2. 能對繪本中的圖片有興趣。			
	3. 能說出自己是從哪裡來。			
	4. 能說出照片中的人物在做什麼。			
	5. 能說出照片中的人物年齡。			
	6. 能依生長過程排列照片。			
	7. 能說出排列的順序。			
	目標通過小計／目標通過率：_____／_____			

活動名稱	目標	評量狀況		
		通過	未通過	未參加
人類生長史（二）	1. 能在經過書籍、圖片、孕婦的介紹後，說出孕婦大大的肚子裡是住著小寶寶。			
	2. 能經由書籍的介紹說出自己是怎麼來的（媽媽生出來的）。			
	3. 能經過孕婦的說明與觀察孕婦的肚子後，說出寶寶是住在子宮裡。			
	4. 能按照媽媽懷孕順序拼圖。			
	5. 能在一堆相片裡找出自己的相片。			
	6. 能說出每一張相片中的自己在做什麼。			
	7. 能將相片中的自己以年齡排出順序。			
	8. 能在觀察順序中說出自己是經過爸媽養育而長大的。			
	目標通過小計／目標通過率：＿＿＿＿＿／＿＿＿＿＿			

活動名稱	目標	評量狀況		
		通過	未通過	未參加
各行各業	1. 能參與討論。			
	2. 能在發表中說出自己爸媽的工作名稱及工作內容。			
	3. 能說出圖卡人物的職業名稱。			
	4. 能說出圖卡人物的工作內容。			
	5. 能依排出的圖卡找出自己爸媽的工作。			
	6. 能做各行各業職業圖卡與關係圖卡配對。			
	7. 能說出自己目前的工作。（學生）			
	8. 能說出老師的工作。（教書）			
	9. 能說出自己將來想從事的工作。			
	目標通過小計／目標通過率：＿＿＿＿＿／＿＿＿＿＿			

幼兒活動評量表（中班）

【科學領域】

活動名稱	目標	評量狀況		
		通過	未通過	未參加
蛋的比較	1. 能透過感官的觀察比較生雞蛋、熟雞蛋、空蛋殼後，說出哪種較輕。			
	2. 能在觀察比較後說出生雞蛋是液體狀，較易滾動。			
	3. 能在觀察比較後說出熟雞蛋比較重。			
	4. 能用鼻子聞醋。			
	5. 能說出一種醋的功用。			
	6. 能自行操作三種不同的蛋，將醋放入其中。			
	7. 能說出蛋在醋中的變化。（會產生氣泡，最後蛋殼消失）			
目標通過小計／目標通過率：＿＿＿＿＿／＿＿＿＿＿				

活動名稱	目標	評量狀況		
		通過	未通過	未參加
神奇的醋酸	1. 能將三種不同的雞蛋放入不同的杯子。			
	2. 能在杯子中倒入醋酸，讓醋酸蓋滿蛋。			
	3. 能在觀察後說出蛋在醋酸中的形狀變大了。			
	4. 能說出生雞蛋、熟雞蛋、空雞蛋浮起來的情形。（空蛋雞會浮起來、熟雞蛋會沉下去、生雞蛋會浮起來一點）			
	5. 能說出最後看到的蛋之結果： (1)空雞蛋：蛋殼消失了，完全腐蝕溶解。 (2)熟雞蛋：蛋殼沒了，只剩下熟蛋。 (3)生雞蛋：蛋殼只剩下一半。			
目標通過小計／目標通過率：＿＿＿＿＿／＿＿＿＿＿				

活動名稱	目標	評量狀況		
		通過	未通過	未參加
酸與鹼	1. 能對活動感到興趣。			
	2. 能說出材料的名稱。			
	3. 能說出紫甘藍菜汁的顏色。			
	4. 會操作滴管。			
	5. 能將滴管滴入。			
	6. 能觀察實驗。			
	7. 能逐一操作實驗。			
	8. 能說出實驗前後試管內的顏色變化。			
	目標通過小計／目標通過率：＿＿＿＿／＿＿＿＿			

活動名稱	目標	評量狀況		
		通過	未通過	未參加
種豆記	1. 能將豆子分類（依顏色、大小）。			
	2. 能說出各式豆類名稱。			
	3. 能說出一種豆類製品。			
	4. 能觀察故事圖卡。			
	5. 能利用放大鏡觀察豆類。			
	6. 能指出芽眼地方。			
	7. 能利用空盒種植豆類。			
	目標通過小計／目標通過率：＿＿＿＿／＿＿＿＿			

活動名稱	目標	評量狀況		
		通過	未通過	未參加
植物怎麼長大的	1. 能回憶並說出種豆的方法。			
	2. 能仔細觀察並說出： (1)綠豆已發芽且長高了。 (2)紅豆已發芽且長高了。 (3)能說出植物上的葉子數目。 (4)能比較誰的植物長得較高。 (5)能說出豆子發霉的原因。			
	3. 能說出植物長大的必備條件為水分、陽光及空氣。			
	4. 能預測並說出各項實驗結果。			
目標通過小計／目標通過率：＿＿＿＿＿／＿＿＿＿＿				

活動名稱	目標	評量狀況		
		通過	未通過	未參加
吹泡泡	1. 能在觀察後說出材料名稱。			
	2. 能說出材料的用途。			
	3. 能實際操作過程。			
	4. 能說出： (1)在水中吹吸管只有水聲。 (2)在水中加入洗衣粉會產生一點泡泡。 (3)在水中加入沙拉油、沙拉脫能吹出大泡泡。			
	5. 能在操作後說出洗衣粉＋沙拉脫＋沙拉油所吹出的泡泡最多。			
目				

活動名稱	目標	評量狀況		
		通過	未通過	未參加
筷子斷了嗎	1. 能仔細觀察並說出兩個杯子的外觀有何不同。			
	2. 能說出筷子在水中的部分會放大。			
	3. 能說出不透明杯子的部分會呈現的現象。			
	4. 能說出斜放在水中的筷子，好像從水面折斷了。			
	5. 能發現水面上的部分不變，水中的部分變粗且曲折了。			
	6. 能將筷子換成鉛筆再做一次實驗。			
	7. 能說出鉛筆放在水中的結果。			
	目標通過小計／目標通過率：＿＿＿＿／＿＿＿＿			

活動名稱	目標	評量狀況		
		通過	未通過	未參加
空氣的實驗	1. 能用塑膠袋裝空氣入袋內。			
	2. 能說出塑膠袋鼓起的原因。			
	3. 能用眼睛觀察空氣的顏色。			
	4. 能將塑膠袋口插入吸管，並擠壓塑膠袋內的空氣於杯子內。			
	5. 能說出空氣進入水中會有氣泡產生。			
	6. 能仔細觀察蠟燭在開放空間及蓋上杯子後的燃燒有何不同。			
	7. 能自己用杯子將蠟燭熄滅。			
	8. 知道蠟燭燃燒需要空氣。			
	9. 能使用打氣筒將氣球灌滿氣體。			
	10. 知道氣球內因有空氣使其脹大。			
	目標通過小計／目標通過率：＿＿＿＿／＿＿＿＿			

活動名稱	目標	評量狀況		
		通過	未通過	未參加
蠟燭與空氣	1.能聆聽老師說明。			
	2.能觀察火焰燃燒的情形。			
	3.能注意安全。			
	4.能將燒杯蓋住燃燒的蠟燭。			
	5.能觀察蓋住燒杯火焰時的燃燒情形。			
	6.能比較實驗說出前後不同： (1)蓋杯→火熄滅。 (2)不蓋杯→火燃燒。			
	7.能說出還有什麼方式可熄滅火： (1)吹掉。 (2)澆水（灑水）。			
	8.能說出空氣與生活的關係： (1)沒有空氣→蠟燭熄滅。 (2)生活需要有空氣（呼吸）。			
	目標通過小計／目標通過率：＿＿＿＿／＿＿＿＿			

活動名稱	目標	評量狀況		
		通過	未通過	未參加
飛揚的紙片	1.會安靜觀察老師所做的實驗。			
	2.能說出材料名稱。			
	3.會主動要求要做實驗。			
	4.能依指示將報紙撕成小碎片。			
	5.能安靜傾聽老師的解說。			
	6.能用手拿厚紙板搧碎紙片。			
	7.能用吸管吹氣，讓紙片飛揚。			
	8.能用塑膠尺磨擦產生靜電吸起紙片。			
	9.能說出因為空氣之流動而讓紙飛揚。			
	10.說出誰的紙片飛得最遠。			
	目標通過小計／目標通過率：＿＿＿＿／＿＿＿＿			

活動名稱	目標	評量狀況		
		通過	未通過	未參加
奇妙的氣球	1. 能說出一個氣球裡面只有空氣，另一個氣球裡面有水。			
	2. 能說出一個輕，一個重。			
	3. 能說出一個快速下降，一個慢慢下降。			
	4. 能說出裡面有水的汽球容易握住。			
	5. 能說出是因為它比較重。			
	6. 能在老師的協助下，將汽球打氣、綁緊、玩。			
	目標通過小計／目標通過率：＿＿＿＿／＿＿＿＿			

活動名稱	目標	評量狀況		
		通過	未通過	未參加
風	1. 能專心聽老師講解。			
	2. 能發現報紙平鋪自己身上站立時，報紙會掉落。			
	3. 能將報紙貼住自己身體跑步，感受風的存在。			
	4. 能發現跑步時，因為風產生阻力，報紙會貼緊身體。			
	5. 能自己挑選材料（彩帶、風車、報紙）實驗證明風的存在。			
	6. 能在操作過程中告知老師風向來源，例如：由看彩帶、風車飄何處的反方向就是風的來處。			
	目標通過小計／目標通過率：＿＿＿＿／＿＿＿＿			

活動名稱	目標	評量狀況		
		通過	未通過	未參加
風的實驗：氣球袋	1. 能用鼻子或嘴巴吹出風。			
	2. 能將大塑膠袋裝滿空氣。			
	3. 能說出裝滿空氣的袋子被戳洞後，空氣流出，袋子會變扁。			
	4. 能將小塑膠袋開口處用橡皮筋綁好。			
	5. 會在氣球袋上畫圖案。			
	6. 能將氣球袋往上拍，不落地。			
	目標通過小計／目標通過率：_____／_____			

活動名稱	目標	評量狀況		
		通過	未通過	未參加
紙風車	1. 能聆聽老師說故事。			
	2. 能用鼻子或嘴巴吹出風。			
	3. 能指認或是說出風車的名稱。			
	4. 能對風車吹氣，使其轉動。			
	5. 能在風車上著色。			
	6. 能依照線將紙折好。			
	7. 能將棉花棒插入紙的中間。			
	8. 能吹動自己的風車。			
	9. 能知道風車因為風而轉動。			
	目標通過小計／目標通過率：_____／_____			

活動名稱	目標	評量狀況		
		通過	未通過	未參加
請跟我走	1. 能跟著唱兒歌。			
	2. 會主動要求要取磁鐵做遊戲。			
	3. 會將磁鐵與鐵板、迴紋針結合遊戲：在鐵板上吸迴紋針。			
	目標通過小計／目標通過率：_____／_____			

活動名稱	目標	評量狀況		
		通過	未通過	未參加
奇妙的磁鐵（一）	1. 能說出材料名稱。			
	2. 能用磁鐵吸材料。			
	3. 能將磁鐵吸的起來的物品放在紅色盒子。			
	4. 能將磁鐵不可吸的起來之物品放在藍色盒子。			
	5. 能說出哪些物品是磁鐵吸的起來。			
	6. 能說出哪些物品是磁鐵不能吸的起來。			
	7. 能觀察吸的起來的都是鐵製品。			
	8. 能隔著紙片用磁鐵吸迴紋針。			
	9. 能隔著紙片用磁鐵吸鐵製品。			
	10. 能自己嘗試找出教室中可用磁鐵吸的東西。			
目標通過小計／目標通過率：＿＿＿＿＿／＿＿＿＿＿				

活動名稱	目標	評量狀況		
		通過	未通過	未參加
奇妙的磁鐵（二）	1. 能用兩塊 U 型磁鐵操作相吸與相斥。			
	2. 能用 U 型磁鐵吸大頭針。			
	3. 能知道不靠近 U 型磁鐵也能被吸住。（在一定距離）			
	4. 能用磁鐵吸吸看老師所準備的物品。			
	5. 能將磁鐵吸的住與吸不住的物品分兩類。			
	6. 能說出吸住的原因是鐵做的。			
	7. 能說出吸不住的原因是木頭做的、塑膠做的、紙做的。			
目標通過小計／目標通過率：＿＿＿＿＿／＿＿＿＿＿				

活動名稱	目標	評量狀況		
		通過	未通過	未參加
哪一杯有顏色	1. 能主動探索材料。			
	2. 能說出材料名稱：皺紋紙、色紙、衛生紙、玻璃紙、棉紙。			
	3. 能依材質分類。			
	4. 能依顏色分類。			
	5. 能主動選擇材料做實驗			
	6. 能將選好的材料放入透明杯中攪拌。			
	7. 能說出經攪拌後的水中變化（有無顏色擴散）。			
	8. 觀察後能說出哪一杯水中有顏色的變化。			
	9. 能說出顏色變化，是因為水讓顏色擴散。			
	目標通過小計／目標通過率：_____／_____			

幼兒活動評量表（中班）

【數學領域】

活動名稱	目標	評量狀況		
		通過	未通過	未參加
數一數動物的腳	1. 能做 1 至 4 的數數。			
	2. 能將家禽和家畜分類。			
	3. 能說出 2 和 4 是偶數。			
	4. 能用動物模型，建造一個動物園。			
	5. 能說出動物的身體部位哪些是偶數。			
	6. 能讓手中所擁有的動物之數是偶數。			
目標通過小計／目標通過率：＿＿＿＿＿／＿＿＿＿＿				

活動名稱	目標	評量狀況		
		通過	未通過	未參加
幾個一數	1. 能和其他幼兒玩牽手遊戲。			
	2. 能說出是否有好朋友可牽手，有沒有人沒人可牽手。			
	3. 能數出站出來有幾位幼兒。			
	4. 能說出站出來的人代表奇數或偶數。			
	5. 能按奇數或偶數站出來。			
	6. 能放上正確的數字卡。			
	7. 能說出數字方塊的顏色。			
	8. 能指出老師排列數量中 5 的倍數位置及顏色。			
	9. 能說出一共有幾個方塊。			
	10. 能指出哪些是奇數或偶數。			
目標通過小計／目標通過率：＿＿＿＿＿／＿＿＿＿＿				

活動名稱	目標	評量狀況		
		通過	未通過	未參加
猜一猜	1. 能用手抓起物品。			
	2. 能用手感覺物品的名稱。			
	3. 能預測物品數量。			
	4. 能數數 1 至 20。			
	5. 能用不同的方法數數，例如：能用 2 個一數（2、4、6、8、10……）。			
	6. 能用不同的方法數數，例如：能用 5 個一數（5、10、15、20……）。			
	7. 能猜物品名稱並預測數量。			
	8. 能說出糖果的數量。			
	9. 能 2 個一數，並說出是偶數還是奇數。			
	目標通過小計／目標通過率：＿＿＿＿／＿＿＿＿			

活動名稱	目標	評量狀況		
		通過	未通過	未參加
接龍遊戲	1. 能說出撲克牌的形狀。			
	2. 能說出手中牌的顏色。			
	3. 能按形狀將撲克牌分類。			
	4. 能按顏色將撲克牌分類。			
	5. 能同時依兩種分類排列撲克牌（形狀、顏色）。			
	6. 能依數字 1 至 10 的順序唱出來。			
	7. 能排列撲克牌 1 至 10。			
	目標通過小計／目標通過率：＿＿＿＿／＿＿＿＿			

活動名稱	目標	評量狀況		
		通過	未通過	未參加
分糖果	1. 能將紅、黃、藍、綠四種顏色的糖果放在不同的圓圈內（集合）。			
	2. 能說出每種顏色的糖果有幾顆。			
	3. 能在另一個圓圈放 3 顆糖果，加上另一個圓圈的 3 顆，與老師的數字一樣。			
	4. 能排出正確的數量組合。			
	5. 能跟老師借糖果。			
	6. 能在下面圓圈放 7 顆糖果。			
	7. 會收拾、整理。			
	目標通過小計／目標通過率：＿＿＿＿／＿＿＿＿			

活動名稱	目標	評量狀況		
		通過	未通過	未參加
數一數	1. 能注意聆聽老師說明。			
	2. 能跟隨老師說：1 隻小熊、2 隻大象……。			
	3. 能看到數字卡時，說出數字 1 至 10。			
	4. 能將數字和半具體的點數卡配對。			
	5. 能將數字卡和實物照片配對。			
	6. 能將自己手中的數字卡放入適當的位置。			
	7. 能找出相同數字，放入海綿板的適當位置（精細動作）。			
	目標通過小計／目標通過率：＿＿＿＿／＿＿＿＿			

活動名稱	目標	評量狀況		
		通過	未通過	未參加
跳房子	1. 能說出大房子的功用。			
	2. 能找出老師指定的數字。			
	3. 能將手中數字放在大房子內相同數字上（格子上）。			
	4. 雙手能同時拿 2 顆骰子投擲。			
	5. 能說出 2 顆骰子的數量（點數）。			
	6. 能依據 2 顆骰子的數量拿出相同數字。			
	7. 能將手上的數字放置在大房子上的相同數字上。			
	8. 能圈出大房子上和骰子內相同的數字。			
	9. 能將大房子上的數字收回來給老師。			
目標通過小計／目標通過率：＿＿＿＿／＿＿＿＿				

活動名稱	目標	評量狀況		
		通過	未通過	未參加
跳格子	1. 能指出箭頭指的方向。			
	2. 能說出所擲骰子的點數。（1 至 6）			
	3. 能依照骰子擲出的點數跳格子數。			
	4. 能做出與圖案相關的動作。			
	5. 會在平面上依骰子數字的指示前進、後退（依箭頭方向）。			
	6. 會輪流。			
	7. 會等待。			
目標通過小計／目標通過率：＿＿＿＿／＿＿＿＿				

活動名稱	目標	評量狀況		
		通過	未通過	未參加
數量配 1～10	1. 能說出自己手上的 2 張數字卡號碼。			
	2. 能主動觀察小組內其他幼兒的號碼。			
	3. 能在觀察後與小組內的其他幼兒合作將 1 至 10 順序排出，並說出數字號碼。			
	4. 能依自己抽的數字號碼，挑選相同量的 蔬菜或水果。			
	5. 能說出自己的數字號碼並說出買了幾樣 蔬果，有幾種顏色。			
	6. 能與同組同伴比較，說出誰買的最多， 誰買的最少。			
	目標通過小計／目標通過率：＿＿＿＿／＿＿＿＿			

活動名稱	目標	評量狀況		
		通過	未通過	未參加
數序	1. 能依撲克牌形狀♣♥♦♠做分類遊戲。			
	2. 能依撲克牌♣1～♣10、♥1～♥10、 ♦1～♦10、♠1～♠10 排順序。			
	3. 能輪流做小老師發牌給其他幼兒。			
	4. 能將自己手中的牌依照形狀及數目順序 排列。			
	5. 能將蓋起來的撲克牌，聽指令翻開來。			
	6. 能說出正確的翻牌次數。			
	目標通過小計／目標通過率：＿＿＿＿／＿＿＿＿			

活動名稱	目標	評量狀況		
		通過	未通過	未參加
數字接龍	1. 能排數字 1 至 10。			
	2. 能依數字，排列相同的量 1-1，2-2，3-3，4-4，……，10-10。			
	3. 能依數字大小，放置等量的立體小方塊，例如： 1○ 2○○ （2 比 1 大，2 的圓比較多）			
	4. 能輪流發牌。			
	5. 玩撲克牌 1 至 10 接龍遊戲。			
	6. 能翻牌比大小。			
	7. 能與老師玩比大小的遊戲。			
	8. 能說出誰的牌最大。			
	目標通過小計／目標通過率：＿＿＿＿／＿＿＿＿			

活動名稱	目標	評量狀況		
		通過	未通過	未參加
彈珠的遊戲	1. 能聆聽老師的說明。			
	2. 能指認大、小。			
	3. 能用湯匙一次 1 粒或 2 粒，將大的彈珠放入大碗，小的彈珠放入小碗。			
	4. 能說出大碗內的彈珠有幾顆。			
	5. 能說出小碗內的彈珠有幾顆。			
	6. 能遵守遊戲規則。			
	目標通過小計／目標通過率：＿＿＿＿／＿＿＿＿			

活動名稱	目標	評量狀況		
		通過	未通過	未參加
比較多少	1. 能拆開餅乾的袋子。			
	2. 能說出大盤子內的餅乾數（1 至 10）（不規則排列）。			
	3. 能依指定的數字拿餅乾。			
	4. 能與另一位幼兒比較餅乾數多寡。			
	5. 能說出多了幾個或少了幾個。			
	6. 能比較自己盤內與中間大盤內餅乾數多幾個、少幾個。			
目標通過小計／目標通過率：_____／_____				

活動名稱	目標	評量狀況		
		通過	未通過	未參加
計時的工具	1. 能聆聽老師介紹計時的工具。			
	2. 能說出幾種計時的工具。			
	3. 能說出計時工具的時間單位。			
	4. 能畫出幾種計時的工具。			
目標通過小計／目標通過率：_____／_____				

活動名稱	目標	評量狀況		
		通過	未通過	未參加
認識時鐘（一）	1. 能說出數字 1 至 12。			
	2. 能說出老師撥出的時鐘是幾點鐘。			
	3. 老師說出幾點鐘，幼兒能撥至老師指定的時間。			
	4. 幼兒能說出時針指到哪一個數字。			
	5. 幼兒能從數字 1 貼至 12。			
	6. 幼兒能將長針、時針用雙腳釘固定在紙盤上。			
	7. 能用筆在自己的時鐘上畫上圖形。			
目標通過小計／目標通過率：_____／_____				

活動名稱	目標	評量狀況		
		通過	未通過	未參加
認識時鐘（二）	1. 會說出數字 1 至 12。			
	2. 會按 1 至 12 順序排列。			
	3. 能主動觀察時鐘。			
	4. 能比較塑膠時鐘和真實時鐘之不同點。			
	5. 幼兒能說出被遮住的數字（幾點鐘）。			
	6. 能用塑膠時鐘依指示轉至角落時間 9：00、點心時間 10：00、戶外時間 11：00、放學時間 12：00。			
目標通過小計／目標通過率：＿＿＿＿＿／＿＿＿＿＿				

活動名稱	目標	評量狀況		
		通過	未通過	未參加
我會操作時鐘	1. 能說出老師手上的是圓形時鐘。			
	2. 能在觀察遊戲後說出時鐘上有：(1)數字 1 至 12；(2)長針；(3)時針；(4)秒針。			
	3. 能說出時鐘的轉動方向。			
	4. 能將時鐘轉動。			
	5. 能和其他幼兒合作將大繩子圍成一個圓圈，將數字 1 至 12 排出，並將長針、時針放在正確的位置。			
	6. 能轉動地上的大時鐘，讓它和老師手上的時鐘方位一樣。			
目標通過小計／目標通過率：＿＿＿＿＿／＿＿＿＿＿				

活動名稱	目標	評量狀況		
		通過	未通過	未參加
我的作息	1. 能說出自己手上拿的計時工具名稱。			
	2. 能說出自己手上的計時工具的功用／特別之處。			
	3. 能操作自己手上時鐘和老師的時間一樣（能依照老師指定的時間操作時鐘）。			
	4. 能將時鐘調到一個整點，說出通常在這個整點時自己在做什麼。			
	5. 能在操作過程說出長針轉動一圈和半圈的不同。（整點與半點概念）			
	6. 能說出學校一天的作息。			
	7. 能在回憶後，配合老師提示說出每一段作息時間。			
	8. 能說出每一段時間的做什麼。			
	9. 能說出哪些作息是整點，哪些是半點。			
	目標通過小計／目標通過率：_____／_____			

活動名稱	目標	評量狀況		
		通過	未通過	未參加
用了多少時間	1. 能指認數字，並說出數字。			
	2. 能注意聽老師講解長針、短針「時」、「分」的概念。			
	3. 能在時鐘上撥出每日作息的時間（例如：8 點到校，12 點放學）。			
	4. 能說出待在學校多少時間。（時鐘上格子走了幾格）			
	5. 能一起數數看總共花了多少時間。			
	目標通過小計／目標通過率：_____／_____			

活動名稱	目標	評量狀況		
		通過	未通過	未參加
時間到了	1. 能使用碼錶並讀出時間。			
	2. 能跑步。			
	3. 能記錄時間。			
	4. 能倒退著走。			
	5. 能選出哪個數字代表較長的時間。			
	6. 能事先預測老師第一次及第二次所花的時間。			
	7. 能比較實際及預測的差別。			
	8. 能估計整理教室需花多少時間。			
	目標通過小計／目標通過率：＿＿＿＿＿／＿＿＿＿＿			

幼兒活動評量表（中班）

【語文領域】

活動名稱	目標	評量狀況		
		通過	未通過	未參加
看圖說話（一）	1. 會聆聽故事內容。			
	2. 能注視圖片。			
	3. 會依據單張圖片描述故事內容。			
	4. 能連續敘述全部故事內容（有圖片輔助）。			
	5. 能根據故事內容回答問題。			
	目標通過小計／目標通過率：＿＿＿＿＿／＿＿＿＿＿			

活動名稱	目標	評量狀況		
		通過	未通過	未參加
看圖說話（二）	1. 能聆聽故事 3 分鐘。			
	2. 能數數 1 至 7。			
	3. 能為自己選 1 本故事書。			
	4. 能安靜閱讀 3 分鐘。			
	5. 能用單詞說出圖畫內容。			
	6. 能用簡單句說出圖畫內容。			
	7. 能用連續的句子說出圖畫書的內容。			
	目標通過小計／目標通過率：＿＿＿＿＿／＿＿＿＿＿			

活動名稱	目標	評量狀況		
		通過	未通過	未參加
編一小段話	1. 能聆聽老師解說遊戲規則。			
	2. 能分辨（分類）4 張提示卡。			
	3. 能從每堆圖卡各抽 1 張卡片。			
	4. 能依時＋誰＋地＋事的順序排列圖卡（例如：時間圖卡放在最前面）。			
	5. 能按順序說出 4 張圖片內容（一張一張）。			
	6. 能在卡片上畫出地點或物品。			
	7. 能用整點時間、自己的名字，加上所畫的地點及事物說出一段話。			
	8. 能遵守遊戲規則。			
	9. 能交換圖卡。			
	目標通過小計／目標通過率：＿＿＿＿／＿＿＿＿			

活動名稱	目標	評量狀況		
		通過	未通過	未參加
我會造句	1. 能看圖說話。			
	2. 能專心聆聽造句方法。			
	3. 會正確用圖片造句，例如：×點（時）××（誰）在××（地）做××（事）。			
	4. 會抽圖片。			
	5. 會運用抽到的卡片玩造句遊戲（時＋誰＋地＋事）。			
	6. 能自己繪圖卡（1～4 張）。			
	7. 能利用自製圖卡自編故事。			
	8. 能正確說出圖卡內容。			
	9. 能正確使用介係詞「在……」。			
	目標通過小計／目標通過率：＿＿＿＿／＿＿＿＿			

活動 名稱	目標	評量狀況		
		通過	未通過	未參加
我會用 三張圖 說故事 （一）	1. 能觀察桌上的圖片後說出有幾張圖。			
	2. 能說出圖片內容的人物。			
	3. 能說出故事圖片的內容大意。			
	4. 能依圖片順序排出 1 至 3。			
	5. 能依順序說出發生的始末。			
	6. 能用貼紙來表示 1、2、3 的順序。			
	7. 能依順序說故事（看圖說話）。			
	目標通過小計／目標通過率：＿＿＿＿／＿＿＿＿			

活動 名稱	目標	評量狀況		
		通過	未通過	未參加
我會用 三張圖 說故事 （二）	1. 能聆聽及描述所見的圖卡。			
	2. 能說出水不夠怎麼辦。			
	3. 能重新組合 3 張圖卡的故事順序，並說 出因果關係。			
	4. 能自選故事圖卡，排列順序後說出故事 （敘述情境或創意想像）。			
	5. 能以連環圖片用膠水黏貼，重新組織一 個故事。			
	目標通過小計／目標通過率：＿＿＿＿／＿＿＿＿			

活動 名稱	目標	評量狀況		
		通過	未通過	未參加
我會說 四格 故事	1. 能專心看圖片。			
	2. 能排出圖片順序。			
	3. 能依圖片中的內容（房子、樹、人等） 著色。			
	4. 能用二句話說出圖卡中事情的發生經 過。			
	目標通過小計／目標通過率：＿＿＿＿／＿＿＿＿			

活動 名稱	目標	評量狀況		
		通過	未通過	未參加
故事 錄音	1. 能自選一組故事圖卡。			
	2. 能排列順序。			
	3. 能說出故事（敘述情境或創意想像）。			
	4. 能將故事錄音。			
	5. 能使用彩色筆將圖案著色。			
	6. 能使用剪刀剪開圖片 4 張。			
	7. 能將 4 張圖片按順序用膠帶黏貼在裝訂 好的紙上。			
	8. 能展示自己做的書。			
	目標通過小計／目標通過率：＿＿＿＿／＿＿＿＿			

活動 名稱	目標	評量狀況		
		通過	未通過	未參加
書名的 故事	1. 能想出一個以上的書名。			
	2. 能想出一個特別的書名。			
	3. 能根據書名說出故事。			
	4. 能編出另一個不同的故事。			
	目標通過小計／目標通過率：＿＿＿＿／＿＿＿＿			

活動 名稱	目標	評量狀況		
		通過	未通過	未參加
我會編 故事	1. 能聆聽老師說故事。			
	2. 能說出誰是主角。			
	3. 能說出問題及最後的結局。			
	4. 能編出新的故事結局。			
	5. 能把同樣的字放在一起。			
	目標通過小計／目標通過率：＿＿＿＿／＿＿＿＿			

活動名稱	目標	評量狀況		
		通過	未通過	未參加
相反詞	1. 能聆聽老師的解說。			
	2. 能遵守遊戲規則。			
	3. 能用手比出相反詞。			
	4. 會使用剪刀剪下圖形。			
	5. 能將相反詞的 2 張圖片放在一起。			
	6. 會聆聽老師唸語詞。			
	7. 能觀察比較 2 張圖片後，說出每一組圖片的不同點。			
	8. 能選出每組正確的語詞：乾的／濕的、小的／大的、沒綑的／綑好的。			
	目標通過小計／目標通過率：_____／_____			

活動名稱	目標	評量狀況		
		通過	未通過	未參加
我愛吃的水果	1. 能說出水果的名稱： (1)蘋果。 (2)香蕉。 (3)西瓜。 (4)葡萄。			
	2. 能發表吃水果的經驗。			
	3. 能指認水果字卡。			
	4. 能說出喜歡吃的水果。（一種）			
	5. 能造句我喜歡吃水果。（蘋果、香蕉、西瓜、葡萄）			
	6. 能說出吃東西的經驗。			
	目標通過小計／目標通過率：_____／_____			

活動名稱	目標	評量狀況		
		通過	未通過	未參加
時間先後	1. 能聆聽老師說明。			
	2. 能找到指定的相片。			
	3. 能說出相片的內容。			
	4. 能判斷事件發生時間。			
	5. 能使用和時間先後相關的連接詞。			
	6. 能選出正確的句子。			
	7. 能排出 2～5 張圖卡的正確順序（按過去、現在及未來順序排列）。			
	8. 能用句子敘述圖卡。			
	9. 能看著卡片造短句（使用時間連接詞）。			
	目標通過小計／目標通過率：_____／_____			

活動名稱	目標	評量狀況		
		通過	未通過	未參加
世界風情話	1. 能說出圖片內容。			
	2. 能說出臺灣的民俗風情。			
	3. 能聆聽老師說故事。			
	4. 能描述故事內容。			
	5. 能說出書中介紹了哪些國家。			
	6. 能分辨書中人物的衣物多寡、厚薄，並猜測天氣冷暖。			
	7. 能說出各地的服裝。			
	目標通過小計／目標通過率：_____／_____			

活動名稱	目標	評量狀況		
		通過	未通過	未參加
閱讀	1. 能安靜看書，至少 3 分鐘。			
	2. 能說出書中圖片的意義。			
	3. 能說出自己看的書之內容。			
	4. 能安靜聆聽其他幼兒講故事。			
	5. 能認讀書中的字至少 5 個以上。			
	目標通過小計／目標通過率：＿＿＿／＿＿＿			

活動名稱	目標	評量狀況		
		通過	未通過	未參加
故事：再見斑斑	1. 能注意聽故事內容。			
	2. 能看著故事中的圖片說出該部分的情節內容。			
	3. 能幫故事主角新小狗取名字。			
	4. 能依故事內容將圖片依順序排列。			
	5. 會將故事圖片塗上顏色。			
	目標通過小計／目標通過率：＿＿＿／＿＿＿			

活動名稱	目標	評量狀況		
		通過	未通過	未參加
生氣時該怎麼辦	1. 能看與聽兩隻動物布偶的扮演與對話。			
	2. 能回答他們怎麼了。			
	3. 能說出如何解決他們的爭吵與生氣。			
	4. 能說出書中圖片的那個朋友怎麼了。			
	5. 能說出自己在什麼樣的情形下會很生氣。			
	6. 能說出自己生氣該怎麼辦。			
	7. 能扮演生氣的樣子。			
	8. 能扮演生氣怎麼辦。			
	目標通過小計／目標通過率：＿＿＿／＿＿＿			

活動名稱	目標	評量狀況		
		通過	未通過	未參加
小馬哥去旅行	1. 能說出小馬哥要去何處。			
	2. 能說出小馬哥將會遇到什麼事。			
	3. 能用彩色筆畫出小馬哥旅行的故事。			
	4. 能畫在老師釘成一本的紙上。			
	5. 能說出自己畫的故事書書名。			
	6. 能將自己畫的內容告訴老師，並請老師記下。			
	目標通過小計／目標通過率：_____／_____			

活動名稱	目標	評量狀況		
		通過	未通過	未參加
當心恐龍	1. 能專心聽老師說故事。			
	2. 能回答下列問題： ⑴恐龍出現在公園，發生了什麼事？ ⑵這隻恐龍後來的名字叫做好吃龍，為什麼？ ⑶小朋友如何幫助他回家？ ⑷回家後發生了什麼事？			
	3. 能將書上的內容畫在圖畫紙上。			
	4. 能告訴其他幼兒自己畫的內容。			
	目標通過小計／目標通過率：_____／_____			

幼兒活動評量表（中班）

【精細動作領域】

活動名稱	目標	評量狀況		
		通過	未通過	未參加
立體魚	1. 能遵守看魚規則（不搶、不拍……）。			
	2. 能翻閱書籍。			
	3. 能找到書籍中有魚圖案的那一頁。			
	4. 能聆聽其他幼兒發言。			
	5. 能和其他幼兒討論自己看到的魚。			
	6. 能將 2 張圓形紙用彩色筆畫上圖案或線條。			
	7. 能將 2 張圓形紙用釘書機釘在一起。			
	8. 能用 2 片錐形圓組成魚的身體。			
	9. 能裝上尾鰭、胸鰭、腹鰭。			
	10. 能用色紙、亮亮紙貼上眼睛及裝飾魚身。			
	11. 能自行選擇欲使用之用具、材料。			
	12. 能沿線剪、貼。			
	13. 能依自己的意思剪貼。			
	14. 會主動要求協助。			
	15. 能與他人交換材料。			
	16. 能說出平面（圓）→立體魚之過程。（至少 1 點）			
	17. 能收拾整理。			
	18. 能拿著自製的立體魚想像優游在水中，彼此問候。			
	19. 能稱讚別人的作品。			
目標通過小計／目標通過率：＿＿＿＿／＿＿＿＿				

活動名稱	目標	評量狀況		
		通過	未通過	未參加
蔬菜拓印（一）	1. 能說出老師呈現蔬菜的名稱、顏色、形狀。			
	2. 能聆聽老師講解蔬菜生長的地方及其營養。			
	3. 能做蘿蔔薄片造型。			
	4. 能上水彩。			
	5. 能拓印紙上。			
	6. 能請老師協助。			
	7. 能向老師要求器具、材料供給。			
	目標通過小計／目標通過率：＿＿＿＿／＿＿＿＿			

活動名稱	目標	評量狀況		
		通過	未通過	未參加
蔬菜拓印（二）	1. 能說出茄子、紅蘿蔔、青椒三種名稱。			
	2. 能將各種蔬菜沾顏料拓印在圖畫紙上。			
	3. 能拓印出各種造型，並加以組合成為有意義的圖案，例如：鴨子與水的結合、太陽與雲的結合。			
	4. 能將自己拓印出來的圖案用蠟筆補充。			
	5. 能將自己的拓印畫加以解說或命名（組成有連續的故事）。			
	目標通過小計／目標通過率：＿＿＿＿／＿＿＿＿			

活動名稱	目標	評量狀況		
		通過	未通過	未參加
毛毛蟲吃大餐	1. 能注意聽老師說故事。			
	2. 能回答老師所提的問題： (1)星期一吃了什麼？ (2)星期二吃了什麼？……			
	3. 以手指穿過書中的洞後，能知道毛毛蟲隨著天數的增加（數字增加），所吃的東西也愈多（數量增加）。			
	4. 能知道數字愈大表示毛毛蟲吃的東西愈多。			
	5. 能依數字貼上等量的物品。			
	6. 能將 7 個圓形卡紙及頭連接起來。			
	7. 能在頭尾加上兩根竹棒。			
	8. 能記住毛毛蟲吃過的東西。			
	9. 能做出毛毛蟲擺動的樣子。			
	目標通過小計／目標通過率：_____／_____			

活動名稱	目標	評量狀況		
		通過	未通過	未參加
蕃茄毛毛蟲	1. 能專心聆聽老師說故事。			
	2. 能說出「毛毛蟲吃了這麼多東西，結果……」。			
	3. 能說出蕃茄的味道及外觀。			
	4. 能說出「番茄毛毛蟲」是由番茄、牙籤、火柴棒所組成。			
	5. 能使用剪刀將牙籤剪成一半。			
	6. 能互相將牙籤剪成一半。			
	7. 能對幫忙的其他幼兒說：「謝謝。」			
	8. 能對被幫忙者說：「不客氣。」			
	9. 能將番茄、牙籤、剪好的牙籤、火柴棒組合成「番茄毛毛蟲」。			
	目標通過小計／目標通過率：_____／_____			

活動名稱	目標	評量狀況		
		通過	未通過	未參加
獅王面具	1. 能安靜聽「獅王進行曲」音樂。			
	2. 能聆聽老師說明如何製作獅王面具及材料使用。			
	3. 能用蠟筆在紙盤上作畫。			
	4. 能用膠帶固定皺紋紙裝飾。			
	5. 能在紙盤打洞（眼睛的洞）。			
	6. 能在洞裡加上橡皮筋。			
	7. 能將面具戴在臉上，橡皮筋套在耳朵上。			
	目標通過小計／目標通過率：＿＿＿＿＿／＿＿＿＿＿			

活動名稱	目標	評量狀況		
		通過	未通過	未參加
水果皇冠	1. 看到水果能說出其名稱。			
	2. 能說出水果嚐起來的味道。			
	3. 能說出水果的顏色。			
	4. 能從四種水果圖案中選一個最喜歡的並說出其名稱。			
	5. 能將水果圖案著色。			
	6. 能將水果外型輪廓剪下。			
	7. 能將水果貼在環形帶子上。			
	8. 能展示自己的作品，並為自己的作品命名。			
	目標通過小計／目標通過率：＿＿＿＿＿／＿＿＿＿＿			

活動名稱	目標	評量狀況		
		通過	未通過	未參加
哇！這是什麼	1. 能用語詞描述物體特徵。			
	2. 能問問題。			
	3. 能依線索猜題。			
	4. 能依遊戲規則玩遊戲。			
	5. 能分辨蔬菜和水果。			
	6. 能記得帶一樣工具到學校。			
	7. 能正確使用工具削、切水果。			
	8. 能與其他幼兒交換工具。			
	9. 能有部分與全部的概念（蔬果處理前後）。			
	10. 能將自己帶來的水果與其他幼兒分享。			
	目標通過小計／目標通過率：_____／_____			

活動名稱	目標	評量狀況		
		通過	未通過	未參加
彩糊創意畫	1. 能聆聽老師的解說。			
	2. 能主動地將漿糊和顏料混合。			
	3. 能依不同顏色的漿糊顏料分別放在不同的調色盤內。			
	4. 能自己選擇喜歡的漿糊顏料作畫。			
	5. 能在選擇顏料後，用不同的各種方法作畫。			
	6. 能與其他幼兒合作。			
	7. 能與其他幼兒分享。			
	8. 能幫忙收拾洗調色盤。			
	目標通過小計／目標通過率：_____／_____			

活動名稱	目標	評量狀況		
		通過	未通過	未參加
搖搖船	1. 觀察老師的樣本「搖搖船」後，能說出自己的坐船經驗。			
	2. 觀察後能說出自己所知的船種類一至二種。			
	3. 能在老師說明作法後，自己將圓形紙卡對摺。			
	4. 能選擇喜歡的人物圖案或貼紙。			
	5. 能將選好的人物塗上膠水。			
	6. 能將塗有膠水的人物貼在對摺的紙卡上。			
	7. 能選擇彩色筆為船著色。			
	8. 能為做好的船取名。			
目標通過小計／目標通過率：＿＿＿＿／＿＿＿＿				

活動名稱	目標	評量狀況		
		通過	未通過	未參加
磁磚拼貼	1. 能說出各種材料的名稱（三種以上），例如：磁磚、大理石、石頭等。			
	2. 能知道哪些地方可以看到這些材料。（3個地方以上）			
	3. 能依序領取材料。			
	4. 能將厚紙板與壁報紙黏貼在一起。			
	5. 能自行創作圖畫。			
	6. 能說出自己的需要。（白膠、磁磚或石子、彩色筆等）			
	7. 能在已黏貼好的作品中再用彩色筆作畫。			
	8. 能為自己的作品命名。			
	9. 能與其他幼兒共同分享作品並欣賞。			
目標通過小計／目標通過率：＿＿＿＿／＿＿＿＿				

活動名稱	目標	評量狀況		
		通過	未通過	未參加
聖誕卡製作	1. 能說出自己想寄卡片給哪些人。			
	2. 能說出自己或家人去年收到幾張卡片。			
	3. 能說出誰寄卡片給他。			
	4. 能安靜聆聽老師示範說明卡片的製作方法。			
	5. 能和其他幼兒一起使用工具、材料製作卡片。			
	6. 能將作品與其他幼兒分享。			
	7. 能參與收拾的工作。			
	目標通過小計／目標通過率：＿＿＿＿／＿＿＿＿			

活動名稱	目標	評量狀況		
		通過	未通過	未參加
寄卡片	1. 能依老師的指導製作信封套。			
	2. 能說出卡片想寄給哪些人。			
	3. 能說出寄卡片要到郵局寄。			
	4. 能挑選扮演的角色。			
	5. 能依老師的指導正確扮演自己的角色。			
	6. 能說出扮演角色的工作。			
	7. 能知道寄卡片要貼郵票。			
	目標通過小計／目標通過率：＿＿＿＿／＿＿＿＿			

活動名稱	目標	評量狀況		
		通過	未通過	未參加
製作母親卡	1. 能聆聽母親節的由來。			
	2. 能說出一個母親為我們做的事。			
	3. 能用皺紋紙做成花的形狀。			
	4. 能用玻璃紙和色紙裝飾卡片。			
	5. 能用彩色筆畫上要送給媽媽的禮物。			
	6. 能說出自己想對媽媽說的話，讓老師寫下來。			
	7. 能和其他幼兒一起使用工具、材料製作卡片。			
	8. 能將作品與其他幼兒分享。			
	9. 能參與收拾的工作。			
	目標通過小計／目標通過率：_____／_____			

活動名稱	目標	評量狀況		
		通過	未通過	未參加
生活中的線	1. 能說出觸摸到的線是生活中的哪一種線。			
	2. 能說出教室中哪裡有線線，例如：電風扇的線、電話線與窗簾線等。			
	3. 能完成上下穿洞。			
	4. 能協助老師將線貼在紙上做成迷宮。			
	5. 能互相協助沿著線找到寶物。			
	目標通過小計／目標通過率：_____／_____			

活動名稱	目標	評量狀況		
		通過	未通過	未參加
線畫	1. 能自選一色廣告顏料，用湯匙舀起放入布丁杯，加水攪拌。			
	2. 能用毛線或細線放入顏料中，拿出後，在粉彩紙半邊擺好。			
	3. 能將紙的另外半邊壓過去，拉出線。			
	4. 能反覆做第二、三步驟。			
	5. 能說出自己的線畫內容。			
	目標通過小計／目標通過率：＿＿＿＿／＿＿＿＿			

活動名稱	目標	評量狀況		
		通過	未通過	未參加
漂亮的手帕	1. 能說出觸摸宣紙的感覺。			
	2. 經老師說明後，能分辨宣紙的正反面。			
	3. 能安靜聆聽老師講解及觀看老師示範廣告顏料的用法。			
	4. 會使用水彩筆。			
	5. 會使用顏料。			
	6. 會換顏色。			
	7. 會清洗水彩筆。			
	目標通過小計／目標通過率：＿＿＿＿／＿＿＿＿			

活動名稱	目標	評量狀況		
		通過	未通過	未參加
竹籤畫	1. 能專心看老師示範用白膠黏貼竹籤於圖畫紙上。			
	2. 能自己用白膠黏竹籤於圖畫紙上。			
	3. 能用拇指、食指拿出豆子。			
	4. 能將豆子（瓜子）黏貼在塗了白膠的部位。			
	5. 能用蠟筆在黏好竹籤的紙上彩繪。			
	6. 能說明自己畫與黏的竹籤圖案內容。			
	目標通過小計／目標通過率：＿＿＿＿／＿＿＿＿			

活動名稱	目標	評量狀況		
		通過	未通過	未參加
製作沙鈴	1. 能說出豆子名稱。			
	2. 能拿出 10 顆綠豆（1～10）。			
	3. 能拿出 20 顆紅豆（1～20）。			
	4. 能拿出 30 顆黃豆（1～30）。			
	5. 能將豆子一顆一顆的放入養樂多空瓶。			
	6. 能將色紙剪成圓形作為瓶蓋。			
	7. 能用彩色膠帶封瓶。			
	8. 能用彩帶將瓶子綁起來。			
	9. 能用鬆緊帶綁成圈圈。			
	10. 能黏貼色紙、皺紋紙在小瓶子外圍。			
	11. 能用豆豆鈴發出聲音（手握住指縫處再上下或左右搖出聲音）。			
	12. 能模仿老師的節奏。			
	13. 能用豆豆鈴跟隨音樂節奏打拍子。			
	14. 認識紅豆、綠豆、黃豆。			
	15. 能用牙籤沾上白膠貼在圖畫紙上構圖。			
	16. 能用拇指、食指拿出豆子，將豆子（瓜子）黏貼在白膠的部位。			
	目標通過小計／目標通過率：_____／_____			

幼兒活動評量表（中班）

【社會及情緒領域】

活動名稱	目標	評量狀況		
		通過	未通過	未參加
介紹	1. 能提出問題問同伴以獲得需要的訊息。			
	2. 能用句子來介紹自己。			
	3. 能說出謎題中的人物。			
	4. 能依據範例口述一個徵友廣告。			
	目標通過小計／目標通過率：＿＿＿＿／＿＿＿＿			

活動名稱	目標	評量狀況		
		通過	未通過	未參加
推銷計畫	1. 能說出有哪些發明。			
	2. 能提出問題並想辦法解決。			
	3. 能獨自製作一個產品。			
	4. 能設計一個銷售計畫。			
	5. 能成功的推銷這個產品。			
	目標通過小計／目標通過率：＿＿＿＿／＿＿＿＿			

活動名稱	目標	評量狀況		
		通過	未通過	未參加
盲人走路	1. 能布置障礙路線所需的物品。			
	2. 戴眼罩者能跟隨帶領者的指示走過障礙路線。			
	3. 能說出自己當盲人的感覺。			
	4. 能說出戴眼罩者的需求。			
	目標通過小計／目標通過率：＿＿＿＿／＿＿＿＿			

活動名稱	目標	評量狀況		
		通過	未通過	未參加
導遊	1. 能自願當導遊。			
	2. 能安排參觀路線。			
	3. 能問導遊問題。			
	4. 能對其他幼兒的表現給予正面的肯定。			
	目標通過小計／目標通過率：_____／_____			

活動名稱	目標	評量狀況		
		通過	未通過	未參加
表演	1. 能說出最喜歡的故事。			
	2. 能說出故事中的角色由誰扮演。			
	3. 能協助準備道具。			
	4. 能扮演分配到的角色。			
	目標通過小計／目標通過率：_____／_____			

活動名稱	目標	評量狀況		
		通過	未通過	未參加
我是一位老師	1. 能在群眾前表現他的技巧。			
	2. 能說服其他幼兒嘗試新的活動。			
	3. 能說出教學的目標。			
	4. 能說出要講的內容。			
	5. 能說出誰教的最好？為什麼。			
	6. 能說出誰的教學技巧較好。			
	7. 能說出誰的課程最清楚。			
	8. 能接受別人的批評。			
	目標通過小計／目標通過率：_____／_____			

活動名稱	目標	評量狀況		
		通過	未通過	未參加
太空的意外	1. 能說出自己的看法並說服別人。			
	2. 能對計畫的組織提供意見。			
	3. 能了解其他人的恐懼。			
	4. 能對故事做結論並向大家說明。			
目標通過小計／目標通過率：_____／_____				

活動名稱	目標	評量狀況		
		通過	未通過	未參加
我的喜怒哀樂（一）	1. 能依指令做出各種表情。			
	2. 能說出圖片上的主角是猴子。			
	3. 能說出圖片主角的心情。			
	4. 能做出圖片上人物的表情。			
	5. 能對「表情先生」布書感興趣。			
	6. 能放對表情貼紙。			
	7. 能畫出表情並說出表情名稱。			
目標通過小計／目標通過率：_____／_____				

活動名稱	目標	評量狀況		
		通過	未通過	未參加
我的喜怒哀樂（二）	1. 能唱歌謠。			
	2. 能聽歌謠指令做正確的表情。			
	3. 能模仿做表情。			
	4. 能說出臉譜中的表情。			
	5. 能分享自己高興的、生氣的、傷心的事。			
	6. 能對著鏡子做表情。			
	7. 能分辨自己的表情是喜、怒、哀、樂。			
	8. 能畫出鏡子中的表情。			
	9. 能說出自己畫出的表情名稱，例如：我很生氣。			
目標通過小計／目標通過率：_____／_____				

活動名稱	目標	評量狀況		
		通過	未通過	未參加
我的情緒	1. 能模仿老師臉上的表情。			
	2. 能說出老師臉上表情所代表的意義。			
	3. 能說出自己會為何事高興、何事生氣。			
	4. 能用「情緒臉譜」標示自己的情緒。			
	5. 會做語詞與情緒的配對。			
	目標通過小計／目標通過率：_____／_____			

活動名稱	目標	評量狀況		
		通過	未通過	未參加
主持人	1. 能說服別人接受幼兒自己的意見。			
	2. 能向大家宣布幼兒自己的行動。			
	3. 能評論他人。			
	4. 能提出策劃節目的建議。			
	目標通過小計／目標通過率：_____／_____			

幼兒活動評量表（中班）

【大動作領域】

活動名稱	目標	評量狀況		
		通過	未通過	未參加
鏡中影像	1. 能說出看到的物品是鏡子。			
	2. 能裝出一種表情。			
	3. 能模仿別人的表情。			
	4. 能玩二人三腳的遊戲並快速移動。			
	5. 能將球丟給對方。			
	6. 能接住對方丟的球。			
	7. 能持續跳躍一段時間。			
	目標通過小計／目標通過率：＿＿＿＿／＿＿＿＿			

活動名稱	目標	評量狀況		
		通過	未通過	未參加
丟沙包	1. 會說出老師手中的東西（沙包）名稱。			
	2. 會說出沙包顏色。			
	3. 能將沙包做顏色序列。			
	4. 會丟接沙包 1 至 6 個。			
	5. 會在一定距離內將沙包丟入水桶內。			
	目標通過小計／目標通過率：＿＿＿＿／＿＿＿＿			

　　根據上述七個領域活動學習評量的結果，可以知道幼兒在哪幾個領域表現得較好，哪幾個領域表現得較差，表現較好的領域可以再充實，表現較差的領域就需要加強。教師或家長可從四個方面來幫助幼兒發展其潛能：

1. 環境方面：著重在教室的改變，包含：如何設置角落、改變作息，或者加一個布告欄等點子。

2. 課程方面：著重在已經上過的活動或者其他教師想到的活動。教師可以修改活動，改變呈現的方式，例如：用PPT的方式來介紹活動，也可以改變活動的難易度，或是安排延伸的活動，或是改變使用的材料。

3. 活動安排：著重在如何充實教師的活動內容，例如：在介紹人類生長史時，可以安排一些專家來談他們小時候的經驗；在介紹交通號誌符號時，可以安排幼兒實地到街道上觀察交通號誌符號。

4. 教師的專業能力：著重在教師培養這些領域的專業知識與興趣，例如：閱讀活動設計的書、尋找適合的教具，或是參觀教學等。

　　以下以加強精細動作能力為例，透過活動教學方案從四個方面來增進幼兒的精細動作能力，使幼兒的精細動作才能發展到極限。

活動教學方案範例

日期：○○年○○月○○日
幼兒姓名：○○○
教師姓名：○○○

需要加強的領域：精細動作
需要加強的技巧：獨創性

預定計畫
一、環境方面 　1. 布置精細角，準備充分的材料供幼兒使用。 　2. 把幼兒作品貼在布告欄上。 　3. 在角落角擺放能增進手部功能的玩具讓幼兒操作。
二、課程方面 　1. 在進行精細動作活動前，為幼兒講解活動的步驟及展示要做的成品，例如：花環，並且提醒幼兒該注意的地方，例如：顏色搭配、大小比例等。 　2. 多給幼兒嘗試的機會，並且幫助其想一些與眾不同的點子。 　3. 在活動結束後，花個 5 分鐘和幼兒談談完成的作品，或是為作品取個名字、加個標題。
三、活動安排 　1. 觀摩別的幼兒之作品。 　2. 帶一些日常生活中常看到的作品，例如：手工藝品、花環、兒童圖畫、特殊設計的運動衫、蠟染的布等。 　3. 將作品拍成相片，讓幼兒認識作品的特色。 　4. 提供一些和作品有關的書或是作品集。 　5. 請教師或其他幼兒現身說法或示範表演。
四、教師的專業能力 　1. 多閱讀有關精細動作領域的書。 　2. 平時多練習畫圖或其他勞作。

陸、期末評量報告
（中班）

　　期末評量報告是教師根據幼兒在每一個領域的表現情況做較完整的綜合報告，其目的是在提供教師及家長了解孩子在各領域學習的情形，以做為教學的參考。在這份期末評量報告中，首先是每一個領域的活動學習目標之整體通過情形，接著則是幼兒在各領域活動學習的情形及教師給孩子的建議：第一欄是領域名稱，第二欄是該項領域的四項技巧，第三欄是技巧精熟度，第四欄是教導每一項技巧的主要活動內容，第五欄是學習情形，包含幼兒的特殊表現，例如：其想到的特殊點子及興趣等。

期末評量報告

日期：＿＿＿年＿＿＿月＿＿＿日

幼兒姓名：＿＿＿＿＿＿＿

教師姓名：＿＿＿＿＿＿＿

幼兒在七大領域的通過率如下：

領域名稱	認知	科學	數學	語文	精細動作	社會及情緒	大動作
學習目標總數量	228	127	139	121	162	58	12
通過總數量							
通過率							

註：通過率＝通過總數量除學習目標總數量。

幼兒需要充實的領域（通過率最高的兩項）：

1.＿＿＿＿＿＿　　2.＿＿＿＿＿＿

幼兒需要加強的領域（通過率最低的兩項）：

1.＿＿＿＿＿＿　　2.＿＿＿＿＿＿

以下為幼兒在各領域的技巧精熟度：

（評分標準：1 ＝不會做，2 ＝有些困難，3 ＝勝任，4 ＝做得很好）

領域	技巧	技巧精熟度	活動內容	學習情形
認知	問題解決：能夠找出問題解決的方式，從眾多答案中找出最好的一個。		・經由腦力激盪或是獨立作業尋求可能的解答。	
	記憶能力：記得資料的能力，發展良好的搜尋系統。		・記憶遊戲。 ・提供有助於記憶的線索。	
	了解事物的關係：能察覺出物體及事物的差異及共同性，並能做比較和分辨。		・分類遊戲，從簡單到複雜的分類。 ・經由討論及操作，了解物體及事物的差異及共同性。 ・歸類或重組圖形。	
	溝通能力：具有能把一些想法連貫及解釋的能力，且能用較清晰及有趣的方法來表示。		・讓幼兒學習如何對其他幼兒解釋遊戲的規則。 ・讓幼兒說出事情如何發生及如何做抉擇。 ・提供討論的機會。	
科學	觀察：能看出及說出物品或事件的屬性及其間的異同或變化。		・觀察和討論物品之間的差異和改變。 ・鼓勵幼兒提出和回答問題。	
	解決問題：能藉著觀察，運用不同的策略（例如：刪除、對照和比較的方式）提出問題、回答問題、找出答案。		・鼓勵幼兒對實驗的結果做預測並將物品分類。 ・給幼兒思考問題和解決問題的機會。	
	組織：能配對、分類、組合及依序排列物品或事件。		・製作簡單的圖表記錄幼兒所觀察到的事物。 ・讓幼兒用自己的方法去組織和呈現物品或資訊。	
	記憶：能回憶與科學有關的資訊，對於新的資訊具有求知慾和記憶能力。		・回憶過去的實驗和經驗。 ・提出問題來刺激幼兒的記憶。 ・讓幼兒向他人說明與科學有關的想法。	

領域	技巧	技巧精熟度	活動內容	學習情形
數學	認識數字：能有意義的運用數字，了解口述或文字符號所描述的數量和形狀，具有基本的算術能力。		• 練習辨認數字。 • 數出物品的數量，並用正確的數字來表示之。 • 練習辨認各種形狀。	
	了解關聯性：能辨認並複製不同模式，能藉著比較、分類和排列順序而了解幼兒是否有數字概念、是否具備抽象和具體運算的能力。		• 讓幼兒練習依序排列數字。 • 讓幼兒比較、辨認和分類不同的物品。 • 讓幼兒用心算的方式練習加減。	
	抽象概念：能分辨和了解問題中所隱含的概念。		• 先說明某一問題中所隱含的概念，然後要求幼兒對於其他類似的問題說出所包含的概念。	
	運用數學：能運用已知的方法去解決新的問題，遇到新的狀況時，知道該運用何種概念去解決。		• 將數字的概念延伸到每天的日常生活中。 • 給幼兒機會去設計相關的延伸活動。	
語文	聽能：能分辨聲音的不同。		• 提供幼兒注意聽的機會，並學習如何回應。 • 給幼兒練習注音符號及注音符號拼音。 • 給幼兒練習押韻的機會。	
	理解：能了解別人說話的意思及文章詞句的意義。		• 通過聽故事、閱讀及符號認識。	
	表達：能有效的使用文字傳達自己的意思。		• 鼓勵幼兒用有趣的方式來表達他們的想法及感覺。 • 給幼兒在不同情境用文字表達的機會。 • 鼓勵幼兒多多地表達，不要在乎文字的修飾。	
	辨認：能分辨字型或圖形的不同。		• 提供配對及分類的活動，讓幼兒能分辨顏色、形狀、符號及文字的相同及不同。	

領域	技巧	技巧精熟度	活動內容	學習情形
精細動作	視覺敏感度：能注意及分辨不同顏色、材質、大小及設計。		・培養幼兒觀察細節的能力。 ・提供一些情境幫助幼兒能注意到細節。	
	欣賞：能欣賞及評估藝術作品。		・培養自我批判的能力，先從自己的作品開始。 ・創作能表達出自己情緒的作品。	
	技巧：有技巧的使用工具及材料。		・讓幼兒使用不同的材料。 ・用不同的材料來創作。	
	獨創性：能做出特別及不平常的作品。		・用材料創造出不同的作品。 ・教幼兒如何使他們的作品較具創意。	
社會及情緒	自信：對自己評價高，並對自己的優點和缺點都很了解。		・幫助幼兒正視他人的批評或建議。 ・在大家面前表演。 ・給予幼兒口頭表達的機會。	
	組織能力：能完成既定的計畫，並且投入其中。		・鼓勵幼兒自行完成一件作品，並獨立解決創作過程中遭遇的困難。 ・讓幼兒學習計畫、介紹及說明。	
	敏感度：對他人（如其他幼兒、成人、動物等）表現出照顧和關懷的態度。		・幫幼兒了解情緒。 ・提供幼兒表達關心的機會。	
	說服力：能影響他人，能吸引他人的興趣及參與。		・提供團體情境，讓幼兒學會如何在團體中傾聽及如何與他人合作。	
大動作	協調性：在進行各種體能活動時，具平衡感、節奏感，以及控制的能力；在大肌肉的活動上，對於規則性或移動性的目標，其手臂與腳的動作能配合的很好。		・模仿各種不同的動作。 ・以不同的方式運用身體各部位，在操弄小物品時，能展現平衡性。 ・鼓勵幼兒進行較困難而複雜的活動。 ・丟、接、踢以及擊打目標物。	

領域	技巧	技巧精熟度	活動內容	學習情形
大動作	堅持度：具備充分的體力和耐力去做各種不同的活動，並且能持續不同的時間長度。		・鼓勵幼兒先練習一項體能技巧。 ・逐漸增加活動的難度和時間長度。	
	富於表現：在做各種動作時，有很豐富的想像力和創造力。		・鼓勵幼兒以不同而獨特的方式移動身體。 ・讓幼兒有機會觀看他人如何有創意的進行活動。	
	敏捷：在進行體能活動時，動作輕快靈活，有彈性。		・鼓勵幼兒培養平衡感，以及能流暢的做各種動作。	
跨領域創造力	流暢性：具有能想出比別人更多點子的能力。		・鼓勵幼兒想不同的方法來解決問題。 ・使用腦力激盪的方法。	
	獨創性：能想出一些與眾不同的點子，且能運用想像力來應付現象及假想的情境。		・鼓勵幼兒用擴散思考的方法來想問題。 ・給幼兒機會及嘗試新想法的機會。 ・提供幼兒扮演、想像及產生新想法的機會。	
	精密性：能用文字、動作、藝術或音樂把一個想法表達的非常精細。		・當幼兒有一些想法時，鼓勵他們說出細節。 ・幫幼兒用各種方法來表達他們的想法。	
	彈性：能用不同方式或不同的角度來想問題。		・讓幼兒扮演動物、人物或物體角色。 ・鼓勵幼兒在同樣的問題或情境時能想到不同的答案。	

領域	技巧	技巧精熟度	活動內容	學習情形
其他建議：				

🌸 附錄 🌸

附錄一　培奇全納幼兒園小組課程實施調查問卷

問題一：你對曾經進行過的哪個活動印象最深，為什麼？

1. 「最美麗的紙」：操作材料充分，自主探索性強，師生互動多，操作性強，幼兒很感興趣。

2. 「吹泡泡」：趣味性強，幼兒很感興趣。

3. 「星星、月亮、太陽」：幼兒參與度高，積極性強，師生互動多。

4. 「隱形墨水」：材料豐富，幼兒興趣高，喜歡探索，幼兒參與度高。

5. 「符號遊戲」：貼近幼兒生活經驗的操作材料，圖片蒐集方便，幼兒積極性高。

6. 「交通標誌」：材料準備簡單，幼兒積極性高，興趣濃烈，師生互動多。

7. 「筷子斷了嗎」：幼兒參與度與積極性很高，專注力高，探索性很強。

8. 「地板踩一踩」：室內室外結合，生動有趣，從中獲取生活經驗，生動有趣。

9. 「番茄毛毛蟲」：操作性強，很有童趣，幼兒參與度很高，探索性強。

10. 「植物的生長」：孩子參與度比較高，積極性強，師生互動很多。

11. 「小蜜蜂」：幼兒感興趣，動手操作性很強，觀察力有所提升，積極性高。

12. 「圖案序列」：材料豐富，動手操作性很強，幼兒會自己探索。

13. 「橡皮筋彈一彈」：生活材料多，幼兒會主動探索。

14. 「放大鏡」：幼兒興趣高，積極性高，探索性強。

15. 「石頭、水、空氣」：積極性高，對活動的探索有自己的想法。

16. 「蛋的比較」：幼兒積極性強，樂於參與，參與度很高。

問題二：你對哪個領域的活動最得心應手？原因是什麼？

1. 科學：材料容易準備，幼兒探索性強、興趣高，操作性強，幼兒求知慾強。

2. 語言：能暢所欲言，積極性高，內容豐富，幼兒參與度高。

3. 精細動作：材料容易準備，積極動手能力強，孩子操作機會多，專注時間長。

4. 認知：教案比較熟悉，自己更有把握，材料好準備，幼兒感興趣。

問題三：上課前你會遇到什麼樣的問題？

1. 對教案理解不夠，幼兒相互干擾，難把握細節。

2. 材料難蒐集，做不到人手一份。

3. 時間分配不均勻，活動無法有效完成。

4. 部分材料不能讓幼兒直接操作，存在安全隱患，比如使用打火機。

5. 有些臺灣的材料名稱不知道是什麼。

6. 有的材料不能原樣準備。

7. 有些材料無法準備到位，例如：投影機、電子書、網路影片。

問題四：上課中你發現有什麼問題？

1. 操作材料多的時候，感覺空間擁擠。

2. 部分目標太難，無法達成。

3. 不能兼顧到每一個孩子，單一材料難以提起孩子的興趣，個別活動孩子不感興趣。

4. 注意力不集中。

5. 上課過程中有些突發情況無法及時處理，會影響下一個活動的開展。

6. 上課時間緊張，有些程序執行效果不佳，評量存在主觀性。

問題五：上完課後你會遇見什麼問題？

1. 家長對課程活動的實施與評量不了解，溝通無效。

2. 老師不了解評量表的正確用法，目標難定位。

3. 時間緊張、溝通次數受局限。

4. 評量帶有主觀性。

5. 與課堂表現不相符時，家長溝通時找不到具體的點。

6. 評量方面做的不好，與家長溝通較少。

問題六：培奇全納幼兒園在吳淑美教授的親自指導下執行了小組活動，你覺
得有什麼變化？

1. 老師觀察幼兒的次數更多，讓幼兒有更多操作的機會。

2. 幼兒更容易理解指令，自己上課更輕鬆了。

3. 幼兒都有了自己可以完成的目標。

4. 對孩子的引導到位，能注意到個體差異。

5. 材料新鮮，幼兒喜歡參與。

6. 孩子的動手能力、語言表達能力明顯增強。

7. 家長高度認可，同時也會分享自己的經驗。

8. 堅持送幼兒入園，不缺席。

9. 和家長溝通起來比較輕鬆，自己專業度有所提升，幼兒有進步。

10. 家長更願意與老師溝通孩子的情況。

附錄二 培奇全納幼兒園小組活動評量表

___學年___學期___班

評量說明：1 表示通過，0 表示未通過，△表示未參加活動。

領域		科學										
活動名稱		空氣的實驗										
		學號										
	目標	1	2	3	4	5	6	7	8	9	10	
	1. 能用塑膠袋裝空氣入袋內。											
	2. 能拍拍塑膠袋鼓起的部分，說出是空氣在裡面的緣故。											
	3. 能用眼睛觀察出空氣是無色的。											
	4. 能將塑膠袋口插入吸管，並擠壓塑膠袋內的水氣於杯內。											
	5. 能說出空氣進入水中，會有泡泡產生。											
	6. 能仔細觀察蠟燭的燃燒（在開放空間）及蓋上透明玻璃杯後，一下子就熄滅了。											
	7. 能用杯子將蠟燭熄滅。											
	8. 知道蠟燭燃燒需要空氣。											
	9. 能用打氣筒自己打氣將氣球灌滿氣體。											
	10. 知道氣球內因有空氣使其脹大。											

領域		科學										
活動名稱	目標		學號									
			1	2	3	4	5	6	7	8	9	10
酸與鹼	目標通過小計／目標通過比率											
	1. 對活動感興趣。											
	2. 能說出材料的名稱。											
	3. 能說出汁的顏色。											
	4. 會操作滴管。											
	5. 能將滴管滴入：白醋／蘇打粉水／白開水。											
	6. 能觀察實驗。											
	7. 能逐一操作實驗。											
	8. 能說出實驗前後的試管內顏色變化。											
蠟燭與空氣	目標通過小計／目標通過比率											
	1. 能聆聽老師的說明。											
	2. 能觀察火焰燃燒的情形。											
	3. 能注意安全。											
	4. 能將杯蓋住燃燒的蠟燭。											
	5. 能觀察蓋杯後的火焰燃燒情形。											
	6. 能比較並說出實驗前後的不同：蓋杯→火焰熄滅；不蓋杯→火焰燃燒。											
	7. 能說出還有什麼可以熄滅火的方法。											
	8. 能說出空氣與人們生活的關係。											
	目標通過小計／目標通過比率 學號 1～學號 10 的表格。											

註：本表僅呈現學號 1～學號 10 的表格。

附錄三　培奇全納幼兒園小組活動（領域學習）目標及
　　　　評量之目標通過率

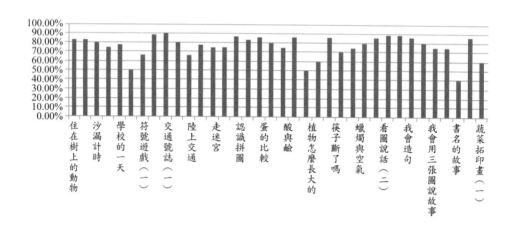

筆記欄

國家圖書館出版品預行編目（CIP）資料

幼兒園中班教學活動課程設計：配合新課綱設計的
120 個活動 / 吳淑美著. --初版.--
新北市：心理，2016.10
面；　公分.--（幼兒教育系列；51187）
ISBN 978-986-191-742-9（平裝）

1. 學前教育　2. 學前課程　3. 教學活動設計

523.23　　　　　　　　　　　　105019523

幼兒教育系列 51187

幼兒園中班教學活動課程設計：
配合新課綱設計的 120 個活動

作　　　者：吳淑美
責任編輯：郭佳玲
總　編　輯：林敬堯
發　行　人：洪有義
出　版　者：心理出版社股份有限公司
地　　　址：231 新北市新店區光明街 288 號 7 樓
電　　　話：(02) 29150566
傳　　　真：(02) 29152928
郵撥帳號：19293172　心理出版社股份有限公司
網　　　址：http://www.psy.com.tw
電子信箱：psychoco@ms15.hinet.net
排　版　者：辰皓國際出版製作有限公司
印　刷　者：辰皓國際出版製作有限公司
初版一刷：2016 年 10 月
初版三刷：2020 年 11 月
I S B N：978-986-191-742-9
定　　　價：新台幣 300 元